A filosofia, como interrogação fundamental e primeira, é a preocupação permanente do homem. Com o intuito de permitir o acesso desta disciplina a camadas do público cada vez mais largas esta colecção preenche uma etapa necessária do conhecimento filosófico.

Introdução a Carl Gustav Jung

Título original:
Introduzione a Jung

Tradução: José Jacinto Correia Serra

Revisão da tradução: Pedro Bernardo

Capa: FBA

Depósito Legal n.º 220529/04

Biblioteca Nacional de Portugal – Catalogação na Publicação

PIERI, Paolo Francesco, 1943-

Introdução a Jung. – (Biblioteca básica de filosofia; 44)
ISBN 978-972-44-2078-3

CDU 159.964

Paginação, impressão e acabamento:
Manuel A. Pacheco
para
EDIÇÕES 70
Janeiro de 2005

EDIÇÕES 70, uma chancela de Edições Almedina, S.A.
Avenida Engenheiro Arantes e Oliveira, 11 – 3º C - 1900-221 Lisboa / Portugal
e-mail: editoras@grupoalmedina.net

www.edicoes70.pt

Paolo Francesco Pieri

Introdução a Carl Gustav Jung

70

para Clara

I. A consciência plural

1. O contexto cultural em que nasceu o pensamento junguiano

A formação de Jung fica marcada pela psiquiatria francesa de orientação psicológica, que se baseia nas investigações sobre o modelo dissociacionista da mente e, mais fundamentalmente, sobre o polipsiquismo. Com efeito, Jung conhece os estudos de Ribot, Liébault e Charcot que, respectiva-mente, no Collège de France, na Escola de Nancy e na Escola da Salpêtrière, fundam uma psiquiatria que se interessa, embora não directamente, pelos modelos da psicologia que, por um lado, procuram identificar como se pode cindir a consciência em partes autónomas e como tais fluxos separados de consciência podem dar lugar, num mesmo indivíduo, a múltiplas personalidades; por outro, propugnam o tratamento hipnótico da histeria.

Jung conhece também as investigações de Janet, Binet e Flournoy, os quais, pertencendo a essa mesma psiquiatria, sublinham a importância dos movimentos afectivos nos processos de representação mental e, em particular, na função da consciência e da respectiva capacidade de atenção: «As emoções» – escreve em 1904 –, «dão [...] relevo ao pensamento de tonalidade afectiva e, assim, colocam em segundo plano todos os outros processos de pensamento simultâneos»[1]. Do mesmo modo, escreve ele no ano anterior:

> As emoções têm um efeito dissociativo (que distrai) sobre a consciência presumivelmente porque uma determinada representação é colocada em relevo unilateral e excessivo, o que faz com que muito pouca atenção fique disponível para a outra actividade consciente da psique. Daqui resulta que todos os outros processos mais mecânicos e mais automáticos são libertados e adquirem progressivamente uma certa independência a custo [...] da consciência. O conceito de Janet sobre os efeitos da emoção fundamenta-se nesta base, segundo a qual cada automatismo é favorecido pela distracção (isto é, pela fragilidade da atenção) e prospera, sobretudo, como se exprime Binet, «na parte na sombra da psique»[2].

Jung interessa-se também pela psiquiatria organicista, mas, por vários motivos, distancia-se de Griesinger, de Kraepelin e de Morel. Distancia-se do primeiro porque considera a doença mental apenas uma doença do cérebro e porque afirma que as tarefas da psiquiatria se esgotam na etiologia e no diagnóstico. Afasta-se do segundo porque não pretende ocupar-se da terapia das perturbações mentais e porque faz seu o conceito de degeneração hereditária dos *aliénistes* franceses de meados do século XIX. No que respeita a Morel, distancia-se dele porque na sua classificação define a *dementia praecox* como novo grupo de perturbações progressivamente degenerativas. No âmbito da psiquiatria organicista, Jung adere, pelo contrário, ao grupo Burghölzli de Zurique, onde inicia o seu trabalho de psiquiatra com Bleuler (que critica a teoria da degeneração), e, trabalhando sobre as psicoses e em particular sobre a psicogénese das doenças mentais, documenta a existência de um grande número de doentes crónicos cujo decurso sintomatológico se bloqueia e, por vezes, evidencia uma remissão parcial.

---

[1] C.G. Jung, *Perizia medica su un caso di simulazione di malattia mentale* (1904), in *Opere*, 19 vol., Bollati Boringhieri, Turim 1965 (de agora em diante: *Opere*), vol. 1, p. 216.

[2] C.G. Jung, *Simulazione della malattia mentale* (1903), in *Opere*, vol. 1, p. 191.

Na moderna psiquiatria, a alma ocupa um lugar bem miserável. Se no campo da anatomia cerebral fizemos grandes progressos, já sobre a psique não sabemos praticamente nada ou, porventura, menos do que alguma vez soubemos. A actual psiquiatria comporta-se como uma pessoa que quer decifrar o sentido e o significado de determinado edifício e, para tal, analisa os seus tijolos do ponto de vista mineralógico. Procuremos, portanto, de uma vez por todas, conhecer estatisticamente quantos são, e quais, os doentes que apresentam lesões cerebrais evidentes»(3).

É precisamente por tudo isto que Jung, logo desde as suas primeiras investigações, se liga à psicologia dinâmica, já que, de facto, Freud, repudiando abertamente o modelo da degeneração das doenças mentais, considera que na histeria deve antes de mais ser atribuída importância não a factores biológicos hereditários, mas sim a factores psicodinâmicos (que nesse tempo eram: as «recordações traumáticas recalcadas» e, enquanto tais, «inconscientes»).

Pode-se dizer, fundamentalmente, que Jung participa na construção da psicologia do inconsciente como reelaboração do saber psiquiátrico a partir do duplo processo de inclusão da loucura no rol de perturbações a tratar e da redefinição da individualidade através da alteridade. Antes de mais, no plano da teoria do sujeito, em que o homem deixa de ser concebido como próximo de si mesmo e senhor de si mesmo, e passa a ser considerado como dividido e, por causa desta divisão, já não plenamente capaz de controlo sobre si mesmo. De facto, o conceito de inconsciente é admitido porque se evidenciam os limites da consciência e a difícil acessibilidade da própria consciência, e porque, num outro plano, há neuroses que devem ser tratadas, antes de mais, com a hipnose. E há pessoas a tratar porque entre os anos oitenta e noventa do século XIX a histeria é subtraída ao âmbito da investigação da neurologia, e já o fora ao da ginecologia, e porque a partir de 1850, com o incremento dos estudos no campo da loucura, nascem as «loucuras com consciência» que remetem para o fenómeno da «cisão da

(3) C.G. Jung, *Il contenuto della psicosi* (1908/1914), in *Opere*, vol. 2, t. 2, p. 166.

consciência» e, mais em geral, para o carácter «cindível da consciência».

«A investigação de Freud tem por finalidade descobrir com que meios e de que modo funciona o mecanismo da produção dos sintomas histéricos. Com isso não se pretende mais do que colmatar exaustivamente a lacuna presente até hoje na longa cadeia que vai desde a causa inicial até ao sintoma final»[(4)].

2. *A multiplicidade dos «eu»: a doutrina dos complexos*

É neste contexto cultural que nascem os primeiros quatro volumes das *Opere* que reúnem os vários estudos de Jung entre os anos de 1900 e 1907. Destacam-se os trabalhos *Ricerche sperimentali*[(5)] e *Psicologia della dementia praecox*[(6)], que constituem a secção de psicologia experimental – em que se reflecte sobre a noção de «limiar» entre consciência e inconsciente e, portanto, sobre a pluralidade dos fluxos da mente e sobre a multiplicidade dos «eu» – e a de psiquiatria de orientação psicológica em que se reflecte sobre a «afectividade»» como fundamento do funcionamento normal e patológico da consciência, chegando mesmo a uma teoria dinâmico-pluralista da mente, na verdadeira acepção da palavra.

Com as pesquisas levadas a cabo através do método das associações verbais em sujeitos normais e doentes, Jung chega à identificação dos complexos[(7)]. Considera-se que a activação dos vários complexos, ou seja, a sua subtracção ao controlo do Eu, explica de forma eficaz as ocorrências «dissociativas» observadas na mente: as reacções anómalas registadas perante

(4) C.G. Jung, *La teoria freudiana dell'isteria* (1908), in *Opere*, vol. 4, p. 23.

(5) C.G. Jung (e colaboração com F. Riklin), *Ricerche sperimentali sulle associazioni di individui normali* (1904), in *Opere*, vol. 2, t. 1.

(6) C.G. Jung, *Psicologia della dementia praecox* (1907), in *Opere*, vol. 3, pp. 9-158.

(7) E secundariamente confirma a existência de um «complexo sexual» que corrobora experimentalmente a hipótese psicodinâmica freudiana de «pulsão sexual».

o estímulo de determinadas palavras já não são simples erros da consciência, mas sim efeitos dos complexos psíquicos inconscientes, e portanto expressões da «sensibilidade complexual», «reacções a partir de complexos», «veículos de um pensamento complexual»[(8)].

Com a teoria do «complexo de tonalidade afectiva», a observação psicológica privilegia como objecto a mais pequena estrutura psíquica que liga entre si componentes diferentes segundo a função estruturante que possui a «afectividade».

> Os elementos da vida psíquica, sensações, representações e sentimentos estão presentes na consciência sob a forma de determinadas unidades, que, para tentar uma analogia com a química, se podem comparar às *moléculas*. Por exemplo: *eu encontro na rua um amigo de longa data*: no meu cérebro forma-se uma imagem, *uma unidade funcional*: a imagem do meu amigo X. Nesta unidade (molécula) distinguimos três componentes «radicais»: *percepção sensorial*, *componentes intelectuais* (representação, imagens mnemónicas, juízos, etc.), *tonalidade afectiva*. Estes três componentes estão fortemente unidos entre si [...]. *Este meu amigo, certa vez, fez alguns mexericos ousados a meu respeito, arrastando-me para uma história desagradável, de que tive de suportar as consequências*. A história contém um grande número de associações (pode mesmo ser comparada a um corpo construído com inumeras moléculas). Contém muitas pessoas, coisas e acontecimentos. A unidade funcional «o meu amigo» é apenas uma figura entre as muitas que a história contém. Todo o conjunto mnemónico possui uma *determinada tonalidade afectiva*, um sentimento vívido de *cólera*. Cada molécula participa nesta tonalidade afectiva, de modo que, por norma, esta tonalidade afectiva está presente por todo o lado, de forma tanto mais clara quanto mais evidente for a sua relação com o conjunto maior.

Portanto, cada uma destas «moléculas [...] participa na tonalidade afectiva do conjunto de representações que nós definimos com o nome de complexo de tonalidade afectiva»[(9)].

(8) Jung, *Psicologia della dementia praecox* (1907), in *Opere*, vol. 3, pp. 117 e seg.
(9) *Idem*, pp. 46 e seg.

Nesta teoria, os complexos são fundamentalmente concebidos como produtos do processo de divisão e decomposição analítica, tanto na vertente psicodinâmica como na vertente epistemológica. Em relação à primeira, os complexos são o efeito do «processo de diferenciação» e, portanto, podem ser definidos em qualidade e número: na psique existem múltiplos complexos, mas não infinitos, e o dinamismo psíquico é consequência do choque entre vários complexos como, por exemplo, o materno e o paterno, o masculino e o feminino, o activo e o passivo, e, ainda, o apolíneo e o dionisíaco, o heróico e o espiritual, etc. Em relação à segunda vertente, os complexos são, pelo contrário, resultado do método ou do procedimento distintivo que a racionalidade põe em acto, e é precisamente por isso que não se podem decompor ulteriormente uma vez que no campo do conhecimento ainda não se dispõe de instrumentos analíticos mais adequados. Por outro lado, já que em relação às duas vertentes os complexos fazem referência a um composto e a um processo, daí resultam uma visão estática e uma visão dinâmica: os complexos são estáveis ou, pelo menos, mais estáveis relativamente ao composto, e instáveis, ou pelo menos provisórios em relação ao processo.

Ao complexo é atribuído um carácter autónomo e automático relativamente à consciência, sendo por isso assumido no seu valor comunicativo e expressivo. Com «autonomia do complexo» indica-se a qualidade inerente a qualquer conjunto de fenómenos que se manifesta independentemente de um outro, e em particular a sua existência independentemente da vontade, das razões e das intenções do «complexo do Eu». Com o «automatismo complexual» indicam-se, por outro lado, as modalidades segundo as quais cada um dos complexos, enquanto estrutura ou factor psíquico independente do complexo do Eu, se exprime e se comporta perante este, de modo irreflectido e, portanto, impulsivo e imediato. As acções de cada complexo são, de qualquer modo, «automáticas» já que o seu início, duração e fim são resultado das diferentes solicitações que o próprio complexo recebe, e são, pelo contrário, «autónomas» já que, no plano fenoménico, manifestam-se pela ruptura de continuidade do comportamento do sujeito, acompanhada por um sentimento de alheamento que o próprio vive: «na experiência de associação podemos, por vezes, notar os efeitos extraordinariamente intensos do inconsciente, e isso precisamente nas chamadas interferências complexuais. Estes actos falhados na experiência de associação são em geral protótipos dos actos falhados da vida quotidiana [já referidos por Freud]»[(10)].

Das características de autonomia e automatismo resulta que cada complexo possui uma organização específica e mais ou menos articulada. Com o seu código interno, cada complexo descodifica e selecciona os estímulos externos provenientes do corpo, do mundo e, portanto, dos complexos de que difere, e responde-lhes somática ou psiquicamente. Ao mesmo tempo, cada resposta complexual exprime graus diferentes de organização do complexo e – consoante a intensidade da carga energética que possui – mostra modalidades típicas, se não mesmo invariantes ou constantes, no que concerne ao *nível fisiológico* (o complexo coincide com os automatismos corpóreos, que o Eu capta com a mesma objectividade dos objectos físicos), à *tonalidade afectiva* (com um núcleo de tonalidade afectiva uniforme, o complexo encontra-se no interior do «esquema corpóreo» e, ao mesmo tempo, indica as suas raízes instintivas arcaicas), ao *significado pragmático* (cada complexo é a «acção comunicativa» que a nossa mente realiza através das «intenções» veiculadas pelo conjunto das representações de que o próprio complexo é composto[(11)], ao *significado semântico* (com uma ordem semanticamente coerente e perfeitamente concordante no plano ideativo e afectivo, cada complexo agrega materiais análogos mediante um procedimento de assimilação) e ao *significado simbólico* (cada complexo exprime representações de qualidade simbólica, coesas e solidárias).

---

(10) C.G. Jung, *Trasformazioni e simboli della libido* (1912). Edição definitiva, *Simboli della trasformazione* (1952), in *Opere*, vol. 5, p. 171.

(11) Por isso só um dos complexos é «complexo sexual».

Como se tornará mais claro, a teoria dos complexos psíquicos insere na psicologia uma metódica formal capaz de explicitar a estrutura dos níveis diferentes e, por vezes, divergentes dos nossos comportamentos. Esta metódica quase nada pode dizer sobre o significado dos componentes últimos da nossa mente e redes relativas[12]. Aquilo que pode asseverar diz respeito, quando muito, ao carácter «finalizado» ou «teleológico» da nossa vida psíquica, em que esta é fundamentalmente dotada de planos ou de objectivos, e de informações ou de programas, no contexto da qual os complexos, evidenciando a novidade e o carácter imprevisível da nossa vida psíquica, são elementos que perturbam a segurança que toda a ordem estabelecida pelo Eu representa.

Por outras palavras, afirma-se de maneira cada vez mais articulada que aquilo que ocorre dentro de nós reconhece-se no plano da simbolização. Por isso, as próprias regiões psíquicas diferenciadas, consciência e inconsciente, e os respectivos comportamentos, cognitivos e afectivos, resultam das linhas de delimitação que o plano simbólico de quando em vez torna visíveis.

3. Os fluxos da mente

Na mente não existe apenas um fluxo, mas uma pluralidade de fluxos, assim como não existem instantes precisos da vida consciente de um indivíduo, mas sim sobreposições e reconstruções cuja temporalidade real pode não coincidir com aquela que a consciência narra, pondo em imagens.

O complexo do Eu, portanto, é a emergência de uma imagem que vence as outras, que estão e continuam em competição com esta. Ou seja, é a emergência de uma interpretação que se afirma num intricado mundo de ideias, hipóteses e sugestões

---

(12) Como, pelo contrário, procura fazer a investigação freudiana com a noção de «complexo sexual» como forma única e fundamental.

que se agitam, fermentam e interagem a um nível profundo da nossa mente e, portanto, do nosso cérebro.

> No sujeito normal o complexo do Eu é a instância psíquica suprema: por este termo entendemos o conjunto de representações do Eu, que nós imaginamos acompanhado pela poderosa e sempre viva tonalidade afectiva do próprio corpo. A tonalidade afectiva é um estado afectivo acompanhado por inervações somáticas. *O Eu é a expressão psicológica do conjunto estritamente associado de todas as sensações somáticas*. A personalidade do sujeito, por isso, é o complexo mais sólido e mais forte, e (quando há saúde) impõe-se em todas as tempestades psicológicas. Daqui resulta que as representações que concernem directamente a própria pessoa são sempre as mais estáveis e as mais interessantes.[13]

De resto, o nosso dinamismo psíquico nasce do desafio à condição psíquica que se tinha instaurado com o triunfo do complexo do Eu sobre os outros complexos. Em circunstâncias idênticas acontece que nós somos necessariamente obrigados a admitir a nossa «unilateralidade» e, ao mesmo tempo, a admitir que a parte indigna da nossa psique tem uma qualquer razão que quando dirigimos o nosso olhar sobre ela descobrimos que não é assim tão indigna. Isto coincide com uma sensível mudança de visão da nossa vida: tudo o que – até então – tínhamos feito, dito, pensado, revela-se um sistema cristalizado e rígido que, perdendo o seu carácter inexorável, se torna antes de mais um conjunto de coisas que aconteceram de determinada maneira, mas que podiam muito bem ter acontecido de maneira diferente. É precisamente esta tomada de consciência que restitui mobilidade à nossa vida e nos coloca perante novas responsabilidades: reconhecemos que nos tínhamos até, e sobretudo, esquecido de nós próprios e, ao captarmos o movimento da nossa vida, começamos finalmente a tornarmo-nos aquilo que somos.

Acerca dos dados experimentais dos complexos, admite-se com efeito a existência na experiência humana de uma presen-

[13] Jung, *Psicologia della dementia praecox* (1907) cit., p. 48.

ça simultânea de diferentes modos perceptivos e representativos, afectivos e sensoriais, que surgem em ligação com a activação de núcleos complexuais diferentes. A psique, portanto, é uma urdidura, misteriosa e desconhecida, em que um determinado significado conduz a outro, em que tudo é distinto e, ao mesmo tempo, relacionado entre si.

Ainda a partir dos mesmos dados experimentais, lançam-se as bases de um modelo geral de tipo dinâmico-pluralista segundo o qual a psique é uma estrutura plural e indeterminada, ou melhor, um conjunto estrutural indeterminado e indeterminável constituído pela interacção de numerosos complexos. É assim que se considera, como aliás já foi dito, o próprio Eu, que de facto é um complexo de representações com tonalidades afectivas comuns, mas caracterizado pelo apanágio específico da consciência como possibilidade de reflexão sobre si mesma que a filosofia ocidental denominou autoconsciência. A relação, mais ou menos forte e duradoura, que os complexos em geral estabelecem com o complexo do Eu é responsável pelo seu diferente grau de «inconsciência».

Com o derrube da centralidade do Eu, que, no fundo, é perda da auto-referenciação humana, a consciência torna-se uma das instâncias constitutivas da personalidade interior, ou seja, já não é uma unidade coesa, compacta e transparente e, enquanto tal, eixo de referência central do mundo. Por outro lado, o Eu pode manter eficazmente a sua situação de parcialidade desde que dê relevância a tudo aquilo que é outro em relação a si. O Eu é um dos muitos – ainda que não infinitos – complexos representativos que ao tornar-se atitude dominante realiza uma acção que selecciona, distingue e ordena os objectos externos e internos. Mas na sua permanência mediante sinais definitivos, o Eu transforma-se, de instrumento e função de adaptação em factor que impede este objectivo. De modo que se considera que o Eu e, simultaneamente a consciência, mais não são do que o agrupamento das representações que se estabilizaram durante as normais transacções entre o homem e o mundo, tanto no plano intelectual como no plano afectivo.

Se isto é o que ocorre do ponto de vista teórico, já do ponto da vista da observação resulta, pelo contrário, que a presença de um complexo não pode deixar de remeter, sempre, para o complexo do Eu. Dito por outras palavras, não existe uma descrição neutra de um complexo e toda e qualquer informação que se tenha a seu respeito remete para o momento de observação e para o próprio observador. A existência de «complexos secundários» é, por isso, relativa ao complexo do Eu, e configura-se onde este testemunha manifestações independentes da sua vontade e das suas intenções. O Eu pode ter diferentes graus de consciência de tais manifestações: pode percepcionar problemas de vontade, de atenção, de ideação, de memória ou de comportamento. Em relação a estas manifestações, o Eu – estrutural por definição e, por assim dizer, anatómico – será, por sua vez, estranho: e é assim que se tornam compreensíveis os seus sentimentos de medo, de perigo e de mal-estar onde sinta ocorrerem tais acontecimentos na sua realidade, independentemente da própria fantasia e imaginação:

> Os complexos, como mostra a experiência de associação, interferem com a intensidade da vontade e perturbam a actividade da consciência; provocam perturbações da memória e bloqueios no processo de associação; emergem e desaparecem obedecendo a uma lei própria; obcecam a consciência temporariamente, ou então, influenciam de maneira inconsciente a palavra e a acção. Comportam-se, portanto, como seres autónomos, coisa particularmente evidente em estados anormais. Nas vozes dos alienados assumem mesmo um carácter de Eu pessoal, analogamente aos espíritos que se anunciam mediante a escrita automática ou técnicas semelhantes. Uma intensificação do fenómeno dos complexos conduz a estados mórbidos.

Do ponto de vista psicopatológico, os «estados mórbidos» serão considerados «clivagens mais ou menos amplas, ou múltiplas, em que cada um dos fragmentos conserva uma vida própria e insuprível»[14].

(14) Afirmação que repetirá muitos anos depois em *Determinanti psicologiche del comportamento umano* (1937), in *Opere*, vol. 8, pp. 139 seg.

4. As qualidades dos fluxos da mente: a consciência e o inconsciente

Com a teoria dos complexos, segundo a qual qualquer fragmento psíquico pode pertencer a uma ou mais partes da mente, modifica-se a noção de consciência, porque a consciência, mais do que lugar do psíquico, é uma qualidade, que tem a possibilidade de ser inerente às representações do complexo do Eu e dos outros complexos.

Seguindo a hipótese de um pensamento mais profundo da consciência e de uma coexistência de múltiplas «consciências» complexuais, acaba-se por admitir que a autoconsciência é um conjunto sistemático de consciências parciais. Por outras palavras, a consciência deixa de ser o centro da representação do mundo e começa-se a ter que lidar com uma pluralidade de representações que se formam fora da consciência e ficam encerradas no íntimo enquanto a sua extremidade não chegue à zona clara que é a consciência: «a consciência é a função ou actividade que mantém a relação de conteúdos psíquicos com o Eu. A consciência não é idêntica à psique, já que a psique representa a totalidade dos conteúdos psíquicos, que não estão necessariamente todos ligados directamente ao Eu numa relação tal que lhes confira a qualidade da consciência»[(15)].

De facto, com a teoria geral dos complexos Jung formula uma nova e mais articulada noção de consciência sobre os níveis dos conteúdos e das funções.

Em relação aos conteúdos, identifica um primeiro nível que é o da consciência em geral, ou seja, a capacidade de conter os outros níveis e as outras estruturas, classificando, juntando e organizando as próprias recordações; como segundo nível, o da «consciência do Eu», isto é, a capacidade de ter consciência de si como fenómeno complexual; um terceiro nível é o da «consciência dos complexos», em que a consciência, correspondendo ao seu próprio modo de actuar, coincide com os seus produtos simbólicos.

---

(15) Cf. as definições de tipos psicológicos em *Tipi psicologici* (1921), in *Opere*, vol. 6, pp. 433-434.

No que respeita às funções, Jung considera que a consciência, pelo contrário, é uma função geral que liga as representações psíquicas dos outros complexos ao complexo do Eu. As diferentes formas de representação podem dar lugar a momentos de choque violento e destabilizador que conduzem à chamada «experiência simbólica». Como dirá Jung, o símbolo é o lugar do choque de elementos ou dimensões que ao gerarem uma «violenta dissensão», que jamais alcançará uma verdadeira síntese (se não meramente intelectual), induzem o psíquico a pensar, sonhar, imaginar.

Resulta, portanto, que o psíquico já não se restringe à zona que o Eu ilumina, que o homem é uma realidade composta funcionalmente e que a sua vida é uma complexidade de níveis irredutíveis, que o inconsciente é um conjunto de representações, pensamentos e recordações ligadas ao Eu na sua fundamental qualidade de já não serem (ou de ainda não serem) conhecidos pelo próprio Eu. Hipótese esta que remete para uma noção específica de inconsciente e para uma noção mais geral de inconsciência.

Cada complexo – na sua qualidade de ponto de vista perspéctico – é incompatível com outros complexos e em especial com o complexo do Eu. E tal hipótese funda o inconsciente, tanto do ponto de vista estrutural como do ponto de vista relacional: as perspectivas complexuais, pelas diferentes razões que os modos sintácticos e semânticos podem enumerar, são incompatíveis entre si e inconscientes, não em absoluto mas em relação ao complexo dominante.

Embora os outros complexos, secundários relativamente ao Eu, constituam ou indiquem o «inconsciente pessoal», vão inserir-se – como se dirá – igualmente nos «arquétipos», isto é, naquelas predisposições universais que habitam no «inconsciente colectivo» e que, ao mesmo tempo, o configuram.

5. A teoria dinâmico-pluralista do psíquico

Elabora-se de modo claro uma teoria da mente de tipo dinâmico-pluralista: «A psique – como recordará – não é uma unidade, mas sim uma contraditória multiplicidade de complexos»[16], ou seja, é um «conjunto complicado» de elementos fragilmente ligados entre si[17].

Neste sentido, a mente é um conjunto dinâmico produzido por uma pluralidade indefinida de complexos que subsistem em diferentes estados e que se relacionam de maneira diferente entre si. Cada um dos complexos é sempre considerado o produto das contínuas transformações psíquicas no seu conjunto: e isto mesmo que cada constituição complexual seja pensada como existente desde sempre e existente para além da complexidade psíquica individual e colectiva e, portanto, também para além da própria relação que a psique mantém com o mundo.

A ideia de dinamismo psíquico não se baseia, porém, no bipolarismo consciência-inconsciente nem na antítese mente-corpo. Assim, supera o dualismo psicofísico e rejeita a separação originária entre a psique e o corpo e, também, entre a ordem cultural e a ordem natural.

Segundo a concepção de Jung, radicalmente «monista», o dinamismo psíquico diz sobretudo respeito à complexidade e heterogeneidade de composição da estrutura psíquica: a psique é composição e decomposição contínua de partes que funcionam de maneira autónoma e assimétrica, sem nunca se integrarem numa síntese unificada definitivamente.

A dinâmica psíquica, de facto, articula-se em três estádios que se influenciam reciprocamente.

No primeiro estádio, qualitativamente mais simples, a psique é múltipla e fragmentada e, portanto, é um arquipélago de inumeras ilhas dotadas de consciência, subsistentes mediante representações mentais que remetem para determinadas ocorrências de tonalidade afectiva.

No segundo estádio, qualitativamente mais complexo e, portanto, mais evoluído do que o anterior, as várias partes da

---

(16) C.G. Jung, *L'io e l'inconscio* (1928), in *Opere*, vol. 7, p. 199.

(17) C.G. Jung, *Riflessioni teoriche sull'essenza della psiche* (1947/1954), in *Opere*, vol. pp. 177-252, em particular p. 193.

psique mostram autonomia, heteronomia e dependência recíproca. Devido a estas características são capazes de renunciar parcialmente a si próprias e, aliando-se provisoriamente, de constituir uma coordenação externa. Este conjunto psíquico resulta da tensão entre os diferentes complexos: precisamente a sua maior ou menor relação é responsável pela unidade orgânica da psique e portanto pela saúde mental, que no indivíduo emerge através de um sentimento de plenitude.

No terceiro estádio, a complexidade alcançada manifesta uma fase de dissolução. É precisamente numa fase como esta que se fica a saber que a totalidade psíquica não existe enquanto tal e que as partes não existem em absoluto, mas sim relativamente à ausência de ocorrências de dissolução. O fim da coexistência dos vários complexos e a perda de coordenação da sua pluralidade verificam-se mediante a percepção do predomínio de um só dos complexos: o complexo predominante que se evidencia, questiona e perturba a totalidade psíquica constituída anteriormente. Neste sentido, um tal conjunto de imagens e ideias, acompanhadas por uma tonalidade afectiva comum, torna-se a parte psíquica predominante porque, paradoxalmente, é dominada pela totalidade até então instituída. Por isso, aquilo que questiona e critica é a não autenticidade da sensação de plenitude que o indivíduo sente.

Para a teoria dos complexos, a vida normal é um processo contínuo de «diferenciação» e «integração» entre complexos psíquicos diferentes, e a patologia da vida psíquica é o conflito oculto entre complexos contraditórios[(18)]. De modo que a intensidade e a força, mas também o grau de reversibilidade e de persistência de um complexo – que fundamentalmente consiste em dizer *não* ao complexo do Eu – , tornam-se geralmente os critérios distintivos e genéticos de quaisquer variações dos estados da mente. Por outras palavras, a neurose é considerada o momento em que dois complexos entram inconscientemente

[(18)] Cfr. C.G. Jung, *Vie nuove della psicologia* (1912), in *Opere*, vol. 7, pp. 237-262, em particular p. 259; C.G. Jung, *Saggio di esposizione della teoria psicoanalitica* (1913 e 1917), in *Opere*, vol. 4, pp. 109-242, em particular p. 200.

em contradição: o complexo do Eu – que na sua acção essencialmente «unilateral» é constantemente corrigido «de modo complementar» pelo sistema inconsciente dos outros complexos – em determinado momento, embate contra a força da realidade psíquica diferente de si e mostra a impossibilidade de funcionar sem qualquer referência a ela, nem que seja uma referência essencialmente opositora.

Com a doutrina dos complexos nasce, portanto, uma teoria específica que concebe a perturbação mental como produto de uma «dissociação» de complexos, opostos entre si. Fundamentalmente, a estabilidade psíquica nasce na condição paradoxal em que a autonomia do complexo do Eu passa pelo reconhecimento da sua condição de heteronomia. No seio desta concepção, Jung institui um nexo entre a activação dos outros complexos em relação ao complexo do Eu e a acção de controlo, extremo, que este exerce sobre os primeiros. Neste sentido, a «clivagem» psíquica é a ocasião em que se evidenciam realmente as perturbações afectivas e as alterações que configuram precisamente o conjunto de representações mentais que o Eu quer suprimir[19]. Neste sentido, a vida psíquica patológica é o «golpe de Estado» que abole o parlamento interior e suas múltiplas instâncias e o produto da dissociação em que se encontram os complexos: as crises psicológicas são crises que ocorrem no embate entre partes diferentes do mesmo sujeito e as mudanças psíquicas são transformações ou novas representações de motivos interiores à psique.

As causas dos vários estados neuróticos ou psicóticos, reversíveis ou de reversibilidade fortemente reduzida, são variadas, ao contrário do que afirmam as investigações freudianas. Em *Psicologia della dementia praecox*[20] Jung, também na qualidade de representante da psiquiatria oficial europeia, introduz de facto em psicologia o conceito de «complexo sexual», reconhecendo a Freud o mérito de ter identificado neste

---

(19) Cfr. Jung, *Determinanti psicologiche del comportamento umano* (1937) cit., pp. 131-144, em particular pp. 139 seg.

(20) Jung, *Psicologia della dementia praecox* (1907) cit,. pp. 9-157.

conceito uma causa importante da perturbação psíquica. Como sabemos, a psicanálise propõe a teoria do «complexo nuclear de carácter sexual» segundo a qual o incesto e a sua interdição são sinais respectivamente do «complexo de Édipo» e da sua resolução, ou seja, da situação neurótica e da situação normal. Ao aceitar tal interpretação, Jung tenciona porém limitar o seu carácter universal, afirmando que semelhante núcleo psíquico é etiologicamente válido apenas em determinados casos.

Através da concepção dos complexos cria-se uma psicologia como disciplina de movimento da inconsciência para a consciência e uma psicoterapia como restituição da vida mental ao inconsciente e, portanto, à emoção, que faz parte integrante da própria vida mental. Configura-se igualmente uma concepção junguiana de tratamento psicoterapêutico que se diferencia cada vez mais da concepção freudiana. Com efeito, Freud, considerando o complexo em si, concebe-o como bloqueio que não permite a livre circulação da libido, motivo pelo qual elabora uma terapia orientada para a resolução desse bloqueio. Jung, pelo contrário, considerando o conjunto dos complexos e as diferentes formas de relação em que se encontram, fica particularmente impressionado com o estado de autonomia de determinado complexo, e assim concebe um tipo de tratamento orientado para a identificação das partes psíquicas distintas – fase de «decomposição», e mais precisamente «analítica», do tratamento – e para a ligação das diferentes partes entre si – fase de «composição» (mas não de síntese) do tratamento. Neste sentido, é correcto afirmar que a psique recebe uma cura que, na concepção freudiana, é exclusivamente uma análise, enquanto que na concepção junguiana é uma decomposição analítica e, simultaneamente, uma composição não sintética. Pelo contrário, é de todo inexacto definir *tout court* como sintético semelhante procedimento.

Como se verá, a partir da doutrina dos complexos emerge, com a obra *Símbolos da Transformação*, a hipótese de uma transmissão contínua entre códigos simbólicos diferentes em que nasce a dinâmica da «individuação». A partir desta dinâmica resultam outras duas, tão fortes quanto contrastantes entre si: a hipótese do «pluralismo perspectivista» que na obra *Tipos*

Psicológicos[21] conduz à descrição de uma tipologia específica fundada essencialmente no princípio da relatividade de toda e qualquer concepção da psique; e a hipótese das «invariantes imaginais inconscientes», que já na primeira e provisória elaboração de *O Eu e o Inconsciente* conduz, pelo contrário, a uma concepção da psique de tipo estrutural, apesar de nunca definida totalmente, e indefinível por sua natureza.

6. A recepção crítica da psicanálise

Entre 1906 e 1912, assiste-se a um conúbio científico entre Jung e Freud, motivado pela crítica que ambos formulam a respeito de uma certa psiquiatria oitocentista.

Jung reflectiu muito sobre a psicanálise como prática teórica e clínica e, portanto, sobre as suas teorias, as suas técnicas e os seus métodos, assim como sobre os respectivos fundamentos e respectivas características, desde o ano da primeira publicação de *A Interpretação dos Sonhos* de Freud[22].

Com *Psicanálise e Experiência Associativa*[23] e *A Teoria Freudiana da Histeria*[24], Jung defende o aspecto crítico do pensamento freudiano a respeito dos saberes anteriormente consolidados, no seguimento de quanto já tinha afirmado em *Teoria freudiana dell'isteria: replica alla critica di Aschaffenburg*[25]. Mas ao mesmo tempo, convida Freud a redimensionar a importância que atribui ao «complexo sexual», propondo em *Análise dos Sonhos*[26] e em *Ensaio de Exposição da Teoria*

(21) Cfr. Jung, *Tipi psicologici* (1921) cit., pp. 1-412.

(22) Cfr. S. Freud, *L'interpretazione dei sogni* (1899), in *Opere*, Boringhieri, Turim, 1966, vol. 3.

(23) C.G. Jung, *Psicoanalisi ed esperimento associativo* (1906), in *Opere*, vol. 2, t. 2.

(24) C.G. Jung, *La teoria freudiana dell'isteria* (1908), in *Opere*, vol. 4, pp. 21-38.

(25) C.G: Jung, *La teoria freudiana dell'isteria: replica alla critica di Aschaffenburg* (1906) cit.

(26) C.G. Jung, *L'analisi dei sogni* (1909), in *Opere*, vol. 4, pp. 39-66.

Psicanalítica[27] que se considere, por um lado, o «pluralismo etiológico» e «a multifactorialidade psíquica» e, por outro, os limites da interpretação psicanalítica como técnica de «desmascaramento» da consciência. Reflexões que no seu conjunto levarão Jung, desde a sua intervenção de 1913 no congresso psicanalítico de Munique sobre a questão dos tipos psicológicos[28], a uma reflexão sobre o método psicológico da interpretação.

Em relação a este método, Jung nunca será discípulo nem herege; e isto porque pressupõe a psicanálise não de maneira dogmática, mas reconhecendo as suas vantagens e os seus limites e, sobretudo, considerando-a ocasião frutuosa para a reflexão e a investigação em psicologia lá onde não se cometa o erro da *pars pro toto*, ou seja, o erro de aplicar à totalidade do psíquico aquilo que apenas é válido em determinados aspectos e sob certas condições[29].

As obras junguianas reflectem quase constantemente sobre os limites da psicanálise e criticam a posição de Freud e da sua escola, que entende as concepções psicológicas como realidades absolutas e não como hipóteses, instrumentos, ou modelos e, portanto, não como dados de facto, e enquanto tais representações de objectos naturais e já não objectos naturais *tout court*; objectos que são relativos e estão vinculados a determinada prática, que aliás só se realiza mediante observações feitas por determinado observador, quando muito, como veremos de se-

---

(27) Jung, *Saggio di esposizione della teoria psicoanalitica* (1913 e 1917), in *Opere*, vol. 6, pp. 502-511.

(28) C.G. Jung, *Sulla questione dei tipi psicologici* (1913), in *Opere*, vol. 6, pp. 502-511.

(29) As várias considerações de Jung sobre Freud e a psicanálise encontram-se disseminadas pela sua obra durante toda a sua vida; a análise fundamentalmente crítica está reunida em dois volumes das *Opere*, mais precisamente: *Freud e la psicoanalisi*, in *Opere*, vol. 4; *Psicoanalisi e psicologia analitica*, in *Opere*, vol. 15. O epistolário entre Jung e Freud (*Lettere tra Freud e Jung*, Boringhieri, Turim 1974) é um documento expressivo do debate caloroso que subsistiu entre os dois.

guida, tipologicamente redutível, que adopta um método específico num momento igualmente específico do processo histórico-científico.

Na polémica com Freud, que é contestação crítica do positivismo, do subjectivismo e do objectivismo e, portanto, do cientismo, Jung realiza um processo duplo: por um lado, descobre mais profundamente as razões da prática analítica e, por outro, constrói uma base teórica que cada vez mais se manifesta sensível às transformações da vida cultural europeia na primeira metade do século XX. Pense-se nos desenvolvimentos da reflexão crítica sobre as consequências culturais na ciência, no que respeita aos conceitos, aos métodos e às teorias que utiliza por vezes nas suas práticas. E pense-se igualmente na incidência de tais reflexões no âmbito da cultura humanista, que – a partir da impossibilidade de identificar critérios epistemológicos definitivos – tornam necessária quer uma reconstrução histórica circunstanciada, quer uma adequada actividade desmascaradora («genealógica») em relação a como os saberes efectivamente funcionam.

Em *I metodi di ricerca nella Clinica psichiatrica di Zurigo*[(30)] e em *Saggio di esposizione della teoria psicanalitica*, Jung não nega a estrutura teorética que Freud desenvolve acerca da vida psíquica. Pelo contrário, identifica uma série de limitações nos respectivos fundamentos e propõe aceitar tal estrutura teorética como possível perspectiva psicológica, válida na sua parcialidade e nos vínculos que com ela se vêm a criar. A psicologia de Freud, repetirá em diferentes ocasiões, «baseia-se numa visão do mundo inconsciente, não submetida à crítica, susceptível de reduzir consideravelmente os horizontes da experiência e da capacidade de ver. Sem dúvida Freud fez mal em se ter negado à filosofia. Nunca critica os seus pressupostos, nem as suas premissas psíquicas pessoais»[(31)].

(30) C.G. Jung, *I metodi di ricerca nella Clinica psichiatrica di Zurigo* (1910), in *Opere*, vol. 2, t. 2, pp. 421-423.

(31) C.G. Jung, *Il contrasto tra Freud e Jung* (1929), in *Opere*, vol. 4, p. 359.

Por outro lado, Jung admite, tal como Freud, a existência de uma dimensão originária que da profundeza do psíquico influi sobre a actividade consciente. Mas considera que tal dimensão não tem significado em si mesma, embora seja precisamente através dela que a experiência psíquica individual ganha significado. Mais concretamente, Jung considera que a dimensão originária influi sobre a consciência a dois níveis: por um lado, é o âmbito extra-racional que, cooperando com o âmbito racional, lhe fornece as informações necessárias e o apoio concreto e, por outro, é o âmbito extra-subjectivo que com a sua motivação profunda participa na formação do pensamento e da sua orientação.

A partir de tais concepções Jung elabora uma modalidade específica de trabalho analítico orientado para a procura das verdades que em cada indivíduo se vão progressivamente impondo. A «vida» e a «morte», a que a psicanálise já tinha feito referência, e os outros «temas arquetípicos» que a psicologia das profundezas irá descobrir, também podem ser identificados analiticamente, mas não devem ser entendidos de modo naturalista como essências rígidas nem situados intelectualmente no seio da dicotomia homem-natureza ou mente-ambiente natural. Pelo contrário, devem ser considerados a nível simbólico, ou seja, no movimento oculto das metáforas que atravessam o sistema mente-corpo e, portanto, no jogo, sério, das várias diferenças que se alternam nas vicissitudes da existência de cada um de nós. Imaginar semelhante fundo significa incorporar uma certa vicissitude humana em determinados «contextos» ou em paradigmas de interpretação mediante a igualmente humana operação de «dar sentido», que faz com que perante o atrito entre o homem e o mundo – tanto na ciência psicológica como na nossa psique – se venham a construir novos mapas cognitivos das múltiplas formas de vida.

O «complexo de Édipo» e, com ele, todos aqueles que serão denominados «arquétipos» do inconsciente colectivo devem ser entendidos como construções conceptuais não separáveis dos seus vínculos e ligações com o dinamismo corpóreo, que não pressupõem um domínio do homem sobre a vida natural: deve-se criticar a perspectiva cientista do positivismo segundo a qual o homem interpreta a natureza e a vida como observador externo ou como exclusivo autor e organizador; e também se deve criticar a perspectiva do idealismo clássico segundo a qual o homem se encontra face a face com a natureza e a vida. Pelo contrário, a vida psíquica profunda deve ser entendida como momento visionário que antecede o acto intelectual e respectiva linguagem: as palavras e as frases que a linguagem intelectual utiliza são, por isso, um todo único com a realidade, cristalizada e rígida, que ocorre paralelamente à imposição técnica sobre a natureza e sobre a vida.

O homem não pode dominar a vida psíquica. O homem está envolvido na natureza e na vida e só pode falar delas a partir do seu interior, sendo a vida aquilo que o circunda e atravessa, aquilo em que participa com a tonalidade afectiva e a qualidade sensorial que os complexos psíquicos lhe indicam. Do mesmo modo, o saber prognóstico e a organização técnico-formal da psicologia não podem assumir a vida psíquica como objecto de domínio. Por um lado, a vida psíquica, a vida *tout court*, é aquilo que se deixa imaginar e sentir, através dos efeitos de um atrito imprevisto com a realidade, da qual o homem pode sair transformado e reconhecer-se igual e, ao mesmo tempo, diferente do que era anteriormente. Por outro, a vida psíquica não é um objecto subordinável às mensurações que o homem possa realizar através das suas faculdades intelectuais: ocorrendo no plano pré-verbal, a vida psíquica é, pelo contrário, a diferenciação que o homem realiza, expressando-a em palavras e, sobretudo, em símbolos.

O significado da vida psíquica não se esgota num sistema adquirido de uma vez por todas. Pelo contrário, assemelha-se a um fluxo de tipo sensorial, que, implicando o homem como ser racional e como corpo, próprio e vivido, se torna «património» de coisas percepcionadas, ditas, escutadas. Neste sentido, o psíquico é vida, pois é o que se forma no homem sem que ele saiba. E cada homem é-o na medida em que ao permitir que exista aquilo de que faz experiência torna-se guardião de possibilidades futuras.

7. *Os limites da psicanálise como técnica de desvelamento*

Jung coloca a Freud o problema do jogo das interpretações e das linguagens e sublinha que a racionalidade não pode ser separada do exercício da interpretação, motivo pelo qual não é impossível encontrar outras representações interpretativas – anteriores, contemporâneas ou sucessivas – do mundo psíquico. Do mesmo modo, Jung salienta que se não se aceita plenamente o facto interpretativo, pode-se cometer o erro de destacar uma coisa sem considerar as palavras que a indicam: «A psicologia pode atribuir a si própria legitimamente o privilégio de formular conceitos [...] na medida em que uma concepção [...] demonstre em geral a sua utilidade» e, portanto, ofereça «possibilidades cognoscitivas»[(32)].

A elisão das imagens das coisas pode ser praticada, provisoriamente, à espera de tempos melhores ou de novas intuições intelectuais, de outras descobertas memoráveis ou de acontecimentos históricos definitivos. Quaisquer que sejam as formas utilizadas, acontece que são sempre esquecidas e é precisamente o seu esquecimento que permite estabilizar de uma vez por todas o contacto com a realidade autêntica ou com a presença de certos factos, coisas, origens, finalidades últimas e, portanto, com o saber geral e permanente, por sua vez subtraído ao espaço e ao tempo. Existindo, sobretudo, entre as palavras, estamos dentro de «demasiadas palavras» que invadem totalmente os territórios da nossa mente: «A ciência não tem outro recurso que não seja o carácter definidor dos conceitos lexicais e, portanto, a tarefa do psicólogo é, em primeiro lugar, a de definir os limites conceptuais e atribuir nomes precisos a determinadas esferas de factos psíquicos». Mas para o cientista, o nome «não deve significar [...] mais do que um puro e simples número, [...] e o sistema conceptual não deve ser considerado se não uma rede trigonométrica que cobre uma determinada área geográfica: uma rede cujos pontos fixos são

---

[(32)] C.G. Jung, *Energetica psichica* (1928), in *Opere*, vol. 8, p. 24.

indispensáveis do ponto de vista prático, mas irrelevantes do ponto de vista teórico»[33].

Reflectir sobre a questão hermenêutico-interpretativa implica, portanto, estreitar o nexo entre a realidade e as respectivas imagens.

Deste modo, Jung faz referência àquela linha de fronteira que separa os dois planos e sublinha que é nela que tudo se joga. Por isso, deve ser profundamente reconhecida e francamente aceite como tal: é necessário que a psicanálise penetre precisamente nessa linha de demarcação e aí se empenhe. Com efeito, só assim se compreende que um novo conhecimento da realidade, o da própria psicanálise, possa emergir porque, entretanto, apareceram símbolos capazes de veicular a tensão existente entre a tradição e a inovação em psiquiatria.

Aquilo que se torna inevitável é o facto de que qualquer doença mental ocorre em simultâneo à sua comunicação e, precisamente por isso, pode ser explicitada através das suas figuras na forma da narração e de exposição que a ciência faz dela.

Concentrar a atenção nessa relação significa afirmar que o inconsciente e as suas figuras existem realmente no momento em que deles se fala, mas, sobretudo, significa afirmar que deles se pode falar só quando se é capaz de escutar.

Assim, a psicologia é primariamente concebida como disciplina de escuta, porque falar escutando é aquilo que liga os homens entre si e o resto do mundo. Precisamente por isso, é necessário que o homem faça um exercício de autocrítica e que a psicanálise faça o mesmo quando fala de tudo isto. Em suma, é necessário que a psicanálise, mediante teoremas de limitação, se vigie a si mesma de maneira disciplinada inspeccionando com atenção os próprios vínculos, para que as palavras que utiliza abranjam o seu fundo obscuro e o seu vínculo com o indizível, habitem a sua própria sombra e aceitem que o seu destino também é finito.

---

(33) C.G. Jung, *Il significato della costituzione e dell'eredità in psicologia* (1929), in *Opere*, vol. 8, p. 127.

A psicanálise deve, portanto, reflectir sobre o método tradicional da racionalidade que utiliza. A racionalidade da psicanálise centra-se, essencialmente, nas certezas dos fundamentos que obtém subtraindo-os às contingências do acaso e às limitações do tempo, do espaço e da história: nos seus vários procedimentos e nos seus vários planos, a legitimidade do saber psicanalítico reside na referência a realidades objectivas, factos certos, presenças directas e tangíveis, e as suas verdades tornam-se absolutas e definitivas mediante definições de nexos de causalidade determinista e de métodos unitários. Resumindo, Freud procura desvelar a realidade psíquica, tirar-lhe o véu, declarando que quer captá-la tal qual ela é e, portanto, que quer encontrá-la de maneira incontaminada e neutral. Por tudo isto, ele considera que o mundo psíquico objectivo, a origem do dinamismo psíquico do homem, pode ser revelado pela sua descoberta do complexo de Édipo e pela importância do mundo pulsional. Porém, vê-se obrigado a admitir que tudo isso é fruto de um exercício interpretativo. Assim sendo, a específica representação do mundo psíquico que um homem encontra, encontra-a conjuntamente a si próprio e à cultura a que pertence e, por isso, essa determinada descoberta não exige o confronto com outras descobertas realizadas mediante outros exercícios interpretativos: «Uma avaliação objectiva dos factos demonstra que se deve dar um certo crédito a cada método e a cada teoria, uma vez que estes têm no seu historial não apenas determinados sucessos, mas também dados de facto psicológicos que comprovam amplamente os respectivos pressupostos». «Cada progresso, cada conquista conceptual da humanidade está relacionada com um determinado progresso da reflexão: o homem distinguiu-se do objecto e olhou para a natureza como algo distinto de si»[(34)].

Como se verá melhor, de seguida, ao criticar Freud, Jung critica a omnipotência da razão e, portanto, a procura de uma

[(34)] Afirmação que Jung reitera repetidamente em *Princìpi di psicoterapia pratica* (1935), in *Opere*, vol. 16, p. 8; e em *Considerazioni generali sulla psicologia del sogno* (1916/1948), in *Opere*, vol. 8, p. 293.

qualidade específica do psíquico em si e o culto estetizante de um único código estilístico. Jung critica a psicanálise utilizando os códigos do discurso analítico no plano metafórico e considerando que a psicologia é discurso «sobre» a psique por parte «da» própria psique. Considerações que marcam inequivocamente o limite da racionalização e sem elas a própria racionalização torna-se um nosso delírio de omnipotência. Como dirá ao expor o seu método:

> O trágico é que a psicologia não dispõe de uma matemática que seja sempre igual a si mesma, mas dispõe apenas de um cálculo de preconceitos subjectivos. Carece, portanto, da enorme vantagem de um ponto arquimédico [...]. A psique [...] observa-se a si mesma e não pode deixar de reproduzir o objecto das suas observações utilizando outros termos psíquicos [...]. A psicologia não pode reflectir-se em nada; pode apenas representar-se a si mesma e descrever-se a si mesma. É este também, como seria lógico, o [...] meu método: que consiste, fundamentalmente, num puro e simples processo de experiência em que a intervenção e a falha, a interpretação e o erro [...], o médico e o paciente são uma *symptosis* ou um *symptoma*, uma convergência e ao mesmo tempo sintomas de processos [...]. Deste modo, não nos deslocámos, do ponto de vista científico, para um plano que está para lá ou é diferente do processo psíquico, nem transferimos este processo para outro *medium* qualquer»[35].

[35] Jung, *Riflessioni teoriche sull'essenza della psiche* (1947/1954) cit., pp. 233 seg.

II. A transição entre códigos simbólicos

1. O movimento cognitivo e afectivo da libido

Em 1912, com a publicação de *Transformações e Símbolos da Libido*[1], Jung considera a psique a parcela da imaginação em que se registam – e mediante a qual se evidenciam – os códigos simbólicos dos nossos processos cognitivos e afectivos, que mais não são que signos da nossa auto-individuação. Neste sentido, a psique passa a ser o contínuo transitar entre códigos simbólicos diferentes, cujo movimento abre à constituição da nossa identidade, remetendo, de vez em vez, para a nossa originária condição arcaica. E assim, os órgãos funcionais da psique passam a ser as imagens múltiplas de nós próprios e do mundo que de maneira consciente ou inconsciente se vão formando dentro de nós, e cujos conjuntos são os «complexos» e, noutros planos ou noutros registos, os «símbolos» e os «arquétipos».

Para Jung, a libido é uma energia psíquica capaz de assumir formas diferentes, quer ao nível do instinto, quer ao nível cultural. Com efeito, a este propósito declara que prefere

---

[1] C.G. Jung, *Trasformazioni e simboli della libido* (1912). Edição definitiva, *Simboli della trasformazione* (1952), in *Opere*, vol. 5.

«entender por este termo um valor energético susceptível de ser comunicado a uma qualquer esfera de actividade – poder, fome, ódio, sexualidade, religião –, sem ser um instinto específico»[2].

A libido, de onde provém o nosso «desejo», torna-se, de facto, a forte tensão que se activa entre os diferentes «valores» das imagens da nossa mente ou, por outras palavras, a contracção profunda que, ao investir sobre a nossa consciência, manifesta a existência de algo que ultrapassa o nosso Eu, sob a forma de uma genérica, mas importante, «tendência para», mas também sob a forma de um específico «*appetitus*» ou de uma determinada «intencionalidade». Neste sentido, a libido é um movimento gnoseológico, para além de afectivo, que assume diferentes formas e, portanto, assume também a forma sexual descoberta por Freud»[3].

No seguimento de tais reflexões, Jung cria uma teoria em redor da «energética» psíquica em que uma função psíquica complexa pode apresentar qualidades que não pertencem a qualquer um dos seus componentes, e em que as múltiplas funções psíquicas que têm valor de «meio» podem, através de diferentes vias evolutivas, adquirir valor de «finalidade», e vice-versa[4]. Por exemplo, o Eu, enquanto complexo de associações cognitivas e afectivas, constitui-se originariamente com uma finalidade egoísta, mas progressivamente vai adquirindo o valor de instrumento de comportamentos desinteressados[5].

Por força destas considerações, a libido é considerada um fluxo de energia de carácter informativo-interpretativo, cujas diferentes formas, em contínuo movimento, correspondem, sempre, às exigências do conjunto psíquico que se relacionam de variadas maneiras, e por vezes em contraste, com as exigên-

---

(2) *Ibidem*, p. 140.

(3) *Ibidem*.

(4) Cf. *ibidem*, p. 32.

(5) Baseado nesta asserção, Jung postulará que na observação psicológica e psicopatológica apenas se pode conhecer sistemas psíquicos parciais e, portanto, epistemologicamente fechados, já que a vida psíquica é sempre um sistema aberto; cf. *ibidem*, p. 27.

cias da parte psíquica consciente. Esta concepção, de qualquer modo, mantém a hipótese de um nexo profundo entre associação, afecto e carga energética, identificado pelas experiências do associacionismo, segundo as quais cada ocorrência complexual modifica a vontade consciente.

Para explicar a nossa vida psíquica como transição entre códigos simbólicos diferentes, Jung considera que a libido se transforma em virtude da «função simbólica». A este respeito, introduz as noções de «função transcendente» e de «símbolo», nas quais confluem as noções de «excedente libídico» – que indica a parte de energia psíquica ainda não utilizada na constituição simbólica do real a nível subjectivo –, e a de «analogia libídica», – que indica, pelo contrário, a passagem transformativa das simbolizações já constituídas:

> Onde o símbolo oferece um gradiente maior do que o da natureza é possível traduzir a libido em outras formas. A história da civilização demonstrou de maneira suficiente que o homem possui um relativo excedente de energia, susceptível de ser utilizada de maneira diferente do decurso puramente natural [...]. Na nossa natureza psíquica apenas podemos subtrair ao decurso natural uma pequena parte de energia [...] todavia, o facto de o símbolo tornar possível este desvio demonstra que nem toda a libido se fixou em conformidade com as leis da natureza e que, portanto, restou um certo *quantum* de energia que podemos definir excedente libídico[(6)].

2. *Imagens da libido e dimensão arcaica da mente*

A partir de 1912, Jung admite que a libido é expressão da dimensão arcaica do homem. Elevada a elemento básico imprescindível, a dimensão arcaica configura-se progressivamente como a circunstância que permite o aparecimento evolutivo

---

(6) C.G. Jung, *Energetica psichica* (1928), in *Opere*, vol. 8, pp. 56-57.

das nossas actividades superiores, sendo, por isso, a base de que estas últimas dependem do ponto de vista funcional. A libido é o início a que existencialmente ficamos ligados quando procuramos um fundamento autêntico.

Da dimensão arcaica e das respectivas manifestações que a libido veicula, a «imagem» é entendida como forma expressiva fundamental e, como tal, como elemento que antecede, motiva e orienta o pensamento e a razão e, noutro plano, cada descrição e interpretação psicológica.

«Por tudo o que foi dito, devemos ter ficado com a impressão de que a psique é essencialmente constituída por imagens. A psique, no seu sentido mais lato, é uma sucessão de imagens, mas uma construção extremamente sensata e oportuna, uma intuição de actividades vitais expressas em imagens»(7).

Por outro lado, o «real efectivo» que tem capacidade de agir (a realidade como *Wirklichkeit*) surge nas imagens que as fantasias do inconsciente produzem, por isso – como dirá Jung – nós vivemos apenas num mundo de imagens(8). Mas precisamente pelo seu carácter difusivo, admite-se que a imagem não seja facilmente perceptível: por vezes, a imagem deve ser procurada lá onde actua.

As formas especiais da imagem são: o fundo emocional presente em cada nosso gesto e discurso, a aura sentimental que circunda a nossa memória e as vicissitudes de que somos testemunhas, a singularidade com que exercitamos a percepção, o carácter injustificável de tantos nossos humores, alguns dos fracassos da nossa atenção.

As formas normais da imagem, pelo contrário, são aquelas que se podem encontrar na parcela imaginativo-representativa, que é a única em que o homem e o mundo podem realmente acontecer, e portanto agir: por um lado, antes de ser função de irrealidade, a imagem é expressão do real mais fecundo, ou seja, do real como dimensão absolutamente objectiva e que, ao agir, se impõe à nossa

(7) C.G. Jung, *Spirito e vita* (1926), in *Opere*, vol. 8, p. 351.
(8) C.G. Jung, *L'io e l'inconscio* (1928), in *Opere*, vol. 7, pp. 121-236.

subjectividade; por outro, ainda antes que função da possível e livre flutuação no possível de um improvável sujeito, a imagem é expressão da necessidade mais originária, isto é, do choque entre o homem e o mundo e da sua nua coexistência.

Como escreverá em 1921:

> a fantasia tanto pode ser entendida em sentido causal como em sentido finalista. Na explicação causal, a fantasia é «sintoma» de um estado fisiológico ou pessoal que é o resultado de acontecimentos anteriores. Pelo contrário, na explicação finalista, a fantasia é «símbolo» que, com o auxílio de materiais já existentes, tenta caracterizar ou identificar um determinado objectivo ou, sobretudo, uma determinada linha de desenvolvimento(9).

Jung, com efeito, salientará que o «método construtivo» é mais individualizado e, certamente, «individualizador», uma vez que capta o material inconsciente, já não como manifestação no sujeito das leis gerais do desenvolvimento da libido, mas sim como ocorrência de qualquer coisa ainda desconhecida pela psicologia em geral ou pela consciência do sujeito, constituindo por isso a representação de uma «futura atitude do sujeito», ou seja, a configuração, no plano simbólico, de uma «linha breve de desenvolvimento» do processo cognitivo e afectivo de determinada pessoa(10).

A imagem também é:

> expressão dos conteúdos inconscientes constelados naquele específico momento. Esta constelação, por um lado, ocorre devido à actividade específica do inconsciente e, por outro, devido ao estado momentâneo da consciência, que estimula continuamente a actividade de materiais subliminares a ela atinentes e, simultaneamente, inibe aqueles que lhe são estranhos. Por consequência, a imagem tanto é expressão da situação inconsciente como da situação momentânea consciente. A interpretação do seu significa-

(9) C.G. Jung, *Tipi psicologici* (1921), in *Opere*, vol. 6, p. 243.
(10) *Ibidem*, p. 435.

do, portanto, não pode basear-se apenas na consciência ou, pelo contrário, no inconsciente, mas sim unicamente no seu recíproco relacionamento[11].

Mas ao escrever estas palavras, Jung reitera ainda mais essencialmente a hipótese de no homem subsistir um radical imaginativo, que é o fundamento de qualquer possibilidade de pensar sobre nós mesmos e sobre o mundo. Por isso, a origem do desenvolvimento do homem como indivíduo e como espécie, e a origem do mundo como objecto representável (individual e colectivamente) devem ser identificadas num estado primitivo de indiferenciação. Esta condição de «indistinção originária» é precisamente o antecedente da separação entre consciência e inconsciente, e, ao mesmo tempo, a indiferença perceptiva e representativa entre polaridades subjectivas e objectivas, entre psique e mundo, entre o objecto e a sua representação. Esta «inconsciência primordial» é a fase originária do plano ontogenético e do plano filogenético, e indica tudo aquilo que continua a actuar profundamente em cada experiência psíquica: o primeiro e mais imediato sistema de apreensão e orientação do homem no mundo, o sinal daquilo que a nível inconsciente antecede a capacidade de linguagem e de pensamento racional[12].

De facto, Jung entende que a primeira actividade cognitiva é uma imagem que surge de forma visionária, é percepcionar e sentir um pensamento ainda não pensado por uma individualidade, que ainda se encontra fundida cognitiva e afectivamente com o mundo. Isto é, uma individualidade, que não sendo capaz de ter consciência de algo que lhe é exterior pode ser representada – como mais tarde dirá – na forma passiva de «objecto de todos os sujeitos»[13].

---

[11] *Ibidem*, pp. 452-453.

[12] Jung, *L'io e l'inconscio* (1928) cit., em particular p. 233.

[13] C.G. jung, *Gli archetipi dell'inconscio collettivo* (1934/1954), in *Opere*, vol. 9, t. 1, p. 20.

Esta modalidade é considerada a forma arcaica do funcionamento psíquico, não sendo nunca desautorizada pela evolução da consciência egóica e pelo aperfeiçoamento das capacidades de abstracção e lógico-verbais, sendo, aliás, fundamental para o seu exercício. Um exemplo é o som da linguagem humana em que se pode encontrar um nível «imaginal» que é o seu fundamento «objectivo»: o signo linguístico é sempre o resultado de um longo percurso evolutivo, de modo que até na sua típica abstracção conceptual veicula um som originário que exprime a representação de uma ocorrência juntamente com o seu simultâneo ressoar na alma[14].

3. A interpretação do conflito psíquico

O modelo do complexo psíquico, utilizado nas experiências do associacionismo e já posto à prova de variadas maneiras, permite ainda em 1913 e em 1917 descrever as dificuldades psicológicas como desconhecimento de um conflito «actual» entre complexos diferentes[15].

Partindo da ideia de que os sintomas da neurose são a expressão simbólica de um conflito que coloca penosamente em evidência dois elementos contraditórios nas profundezas do sujeito, Jung considera que a vida psíquica resulta da luta constante entre estruturas e pulsões, princípios e funções, proposições e atitudes diferentes[16].

Neste sentido, o conflito é colocado no plano do processo gnoseológico-afectivo da individuação de si e, portanto, no plano da simbolização psíquica consciente e inconsciente, mas nunca como processo psíquico interno que choca contra um

[14] Jung, *Trasformazioni e simboli della libido* (1912). Edição definitiva, *Simboli della trasformazione* (1952) cit., em particular p. 36.

[15] C.G. Jung, *Saggio di esposizione della teoria psicoanalitica* (1913 e 1917), in *Opere*, vol. 4,, p. 200.

[16] C.G. Jung, *La psicologia dei processi inconsci* (1917). Edição definitiva, *Psicologia dell'inconscio* (1943), in *Opere*, vol. 7, pp. 40 e seg.

processo social externo: cada crise psicológica é um choque entre partes de nós, e cada mudança nossa é produto de uma transformação de motivos totalmente internos ao plano psíquico e não produto de processos internos pulsionais em conflito entre si ou em conflito com questões morais e sociais externas – como defendia a teoria psicanalítica.

Deste modo, o psíquico vai-se configurando cada vez mais como sistema informativo em contínua auto-regulação mediante as teses e as antíteses evidenciadas e atribuídas pelo conflito em acto. Por outras palavras, o conflito psíquico, ao indicar a tensão entre forças específicas contrapostas, relaciona-se de maneira analógica como o exprime Heraclito em termos metafísicos quando afirma que *polemos* é «pai de todas as coisas»[(17)] e quando considera que «aquilo que opõe converge, e a mais bela das tramas forma-se a partir dos divergentes; e todas as coisas surgem da contenda»[(18)].

O conflito que Jung tem em mente é um conflito entre perspectivas diferentes que dão lugar a representações diferentes de um mesmo objecto ou de uma mesma pessoa, sendo por isso necessário remetê-lo para o plano interpretativo em que surgiu. De facto, na psicologia analítica junguiana, os sintomas da neurose são essencialmente expressão de um conflito que – das profundezas do sujeito – manifesta dolorosamente uma correlação oposta ou contraditória entre dois elementos psíquicos e respectivos conteúdos, que são diferentes e que, portanto, nunca podem ser definidos ou conhecidos por uma teoria, que de qualquer maneira ficaria sempre de fora da luta enquanto tal. Como Jung referirá ao esclarecer o método das «amplificações» das expressões inconscientes, para

> os produtos do inconsciente, vejo-me obrigado a fazer uma leitura totalmente diferente dos sonhos e das fantasias que eu – quando tal me pareceu corresponder à natureza do caso – nunca

(17) G. Colli, *La sapienza greca,* vol. III: *Eraclito*, Adelphi, Milano 1980, fr. 14 [A19, p. 35].

(18) G. Colli, *La sapienza greca*, cit., fr. 14 [A5, p. 23].

> mais reduzi, como fazia Freud, a elementos pulsionais, mas relacionei-os de maneira analógica com os símbolos da mitologia, da história comparada das religiões e com outras coisas mais, para reconhecer o significado que se aprestavam a veicular. Este método, de facto, produziu resultados extremamente interessantes, até porque permitiu que se fizesse uma leitura diferente dos conteúdos oníricos e fantásticos. Deste modo, tornou possível a reconciliação entre a personalidade consciente e as tendências arcaicas que, de outro modo, seriam incompatíveis com a consciência[19].

Assim, os elementos e os conteúdos psíquicos passam a distinguir-se e, reciprocamente, a definir-se e conhecer-se, precisamente na sua colisão contingente e na reconstrução por imagens que se realiza no interior do contexto. No início não podem deixar de ser conotados como opostos, mas esta definição já é parcial, no sentido em que é produzida pelos saberes de antemão instalados na consciência do sujeito ou na teoria do analista. A partir daqui, Jung pode dizer que o conflito neurótico é uma oportunidade penosa para tomar consciência *quer* dos saberes sobre os quais a consciência se baseia, *quer* da alteridade que esses mesmos saberes, ao instalar-se, produzem e evidenciam: o conflito é o momento real em que a consciência e o inconsciente emergem simultaneamente e no mesmo plano, não apenas para melhor se distinguirem e diferenciarem, mas também para se reconhecerem e reciprocamente integrarem[20].

O tratamento das neuroses, portanto, é uma busca do potencial do indivíduo com vista à constituição de uma unidade complexa da sua personalidade e das suas diferentes características: a perturbação neurótica permite introduzir novamente na consciência elementos psíquicos recentes ou antigos que são apenas parcialmente reconhecidos, ou absolutamente não re-

[19] C.G. Jung, *Prefazione a W.M. Kranefeld, «La psicoanalisi»* (1930), in *Opere*, vol. 4, p. 351.

[20] Cfr. C.G. Jung, *Aion: ricerche sul simbolismo del Sé* (1951), in *Opere*, vol. 9, t. 2, em particular p. 179.

conhecidos ou ainda não reconhecíveis pela própria consciência. Daqui o consequente conflito entre elementos de antemão concebidos como opostos, mas que devem ser entendidos como conciliáveis. Para que ocorra a tão desejada ampliação da consciência é necessário que esta modifique as suas atitudes, a começar, antes de mais, pela tomada de consciência do seu funcionamento; caso contrário, os «antigos» ou os «novos» elementos que, uma vez agregados, produziriam uma ampliação da própria visão, e antes de mais a aceitação crítica da própria perspectiva, continuarão a ser «rejeitados».

4. O modelo das duas «lógicas» psíquicas

Como se viu, é Jung quem teoriza o desejo como movimento psíquico que, mediante uma específica relação, remete para uma realidade externa e uma realidade interna, diferentes das já constituídas: o desejo, na perspectiva do objecto, indica um movimento em direcção a algo que apenas existe como representação enquanto que, na perspectiva do sujeito, indica um complexo psíquico diferente do complexo do Eu.

De qualquer modo, para Jung, o desejo possui o carácter inventivo e cultural do homem e não o carácter natural e, portanto, primitivo e imutável, das pulsões ou dos instintos. Por esta interpretação e pelo que se dirá de seguida, o desejo não tem um carácter transgressivo ou dissidente, nem evasivo, inebriante ou dilatório: não é incomensurável nem representa a pretensão de elevar o coração para lá dos limites contingentes que, pelo contrário, pertence ao impulso da paixão. Em relação à razão, que pode avaliar as coisas mediante as suas várias leis, o desejo é uma razão diferente mas que ainda não tem medida. Neste sentido, cada desejo que o inconsciente ou um complexo secundário em relação ao Eu veiculam pede à consciência – ou ao Eu – a medida e já não repressão ou elevação.

Cada desejo, enquanto poder que inova ou regenera o que está dentro e o que está fora do homem, relaciona-se com um específico existente. Precisamente por este motivo, cada desejo interroga os fundamentos e os preconceitos da consciência e exige a reabertura da clausura cognoscitiva e afectiva determinada pelas representações de si mesmo e do mundo instaladas na consciência. Portanto, o desejo não rejeita as formas do conhecimento, mas critica as suas funções de controlo rígido e repressivo que, para além de aviltarem o próprio desejo, envilecem as competências da consciência.

Com estas considerações, que desenvolvem a teoria dos complexos e introduzem a doutrina do «símbolo», Jung teoriza em 1912[(21)] um funcionamento do psíquico que se desenrola mediante dois sistemas, cada qual com uma lógica específica. O primeiro, o desejo, e portanto o inconsciente, é um movimento que conhece; o segundo, a razão, e portanto a consciência, é um conhecimento que move. Deste modo, Jung começa a criar um modelo que, no que respeita à complexidade, torna-se cada vez mais incompatível com a visão estrutural de Freud. Com semelhante modelo afirma-se uma relação de simultaneidade entre os estados da consciência e os do inconsciente, e uma cooperação contínua e constante entre «pensamento lógico racional» e «pensamento fantástico».

Com esta revisão, Jung mais uma vez admite a existência de um psíquico constituído pelo complexo do Eu e por uma pluralidade de outros complexos, mas também considera que o psíquico se move segundo uma lógica de tipo plural: existe uma lógica «medida» a que as várias proposições da consciência fazem referência e com que estão simetricamente ordenadas – e, portanto, as do complexo egóico –; e há também uma lógica «sem medida» a que as proposições de todos os outros complexos – e, portanto, todo o desejo inconsciente – fazem referência.

A consciência torna-se uma função que decompõe e distingue e, portanto, é analítica e distributiva segundo o critério «aut-aut». Em contrapartida, o inconsciente torna-se uma função que compõe e integra segundo o critério «et-et». Assim, o

[(21)] Cf. Jung, *Trasformazioni e simboli della libido* (1912). Edição definitiva, *Simboli della trasformazione* (1952) cit.

desejo inconsciente faz uma integração indistinta de todos os elementos, não para anular as diferenças e as distinções que o processo de conhecimento produz e através do qual a consciência se move, mas sim para «juntar» os conhecimentos produzidos e as distinções efectuadas, na probabilidade de constituir novos conhecimentos e novas distinções:

> Levar a sério a outra parte é uma exigência absoluta da confrontação. Só assim é possível que factores regulares adquiram uma determinada influência sobre as acções. Levar a sério não significa «levar à letra», significa, isso sim, uma espécie de abertura de crédito a favor do inconsciente, ao qual, deste modo, se desvela a possibilidade de cooperar com a consciência em vez de a perturbar de maneira automática. Na confrontação não se justifica apenas o ponto de vista do Eu, mas atribui-se ao inconsciente uma autoridade correspondente. A confrontação é conduzida a partir do Eu, claro, mas também o inconsciente tem direito de palavra: *audiatur et altera pars* [...]. A alternância dos argumentos e dos afectos representa a função transcendente dos opostos. O choque entre posições implica uma tensão carregada de energia que produz algo de vivo, um terceiro elemento que, segundo o axioma *tertium non datur*, não é um aborto lógico, mas uma progressão que nasce da suspensão da antítese, um nascimento vivo que introduz um novo grau de ser, uma nova situação. A função transcendente manifesta-se tipicamente como opostos que se aproximaram reciprocamente. Enquanto estes opostos se mantiverem estranhos um ao outro – naturalmente com a finalidade de evitar conflitos – não funcionam, dando origem, consequentemente, a uma estagnação mortal.(22)

Segundo esta teoria, as duas lógicas psíquicas compensam-se constantemente uma à outra, e os desejos são considerados extra-racionais – já não irracionais –, quando a consciência que os elabora não pretende desenraizá-los, mas pelo contrário, respeitando-lhes a fisionomia e os motivos, se insere na sua

(22) C.G. Jung, *La funzione trascendente* (1957-1958, manuscrito de 1916), in *Opere*, vol. 8, pp. 104-105.

forma ordenadora e insere estes últimos na sua própria forma: o desejo é eficaz quando utiliza o efeito distintivo da consciência não em sentido literal mas sim através de analogias e metáforas; pelo contrário, a consciência é eficaz quando, conservando as suas características específicas, se inerva de «*cupiditas*» e enquadra numa ordem mais acolhedora cada elemento expresso na outra lógica.

5. A transição entre os códigos simbólicos

Com *Transformações e Símbolos da Libido*, Jung observa que no decurso da fundação da individualidade se cria um pensamento que, devendo ultrapassar as escolhas e as intenções da consciência, utiliza metáforas e comparações que por si só estabelecem uma passagem entre os códigos já existentes: «Parece que o capital das ideias e dos nomes veio a modificar-se gradualmente através do processo das formações analógicas. O resultado foi uma ampliação da imagem do mundo»[23].

Aquilo que Jung descobre é um processo psíquico de contínuas transições entre códigos simbólicos, que tem um efeito de rompimento no âmbito da racionalidade e da consciência e que é determinado pelo facto de a grelha da legalidade, no seu monótono determinismo, já não ser capaz de captar os fenómenos e as experiências como até então garantia.

Vai ser cada vez mais evidente que o homem, na descrição de si próprio, do mundo e das pessoas que o rodeiam, se encontra na circunstância de ter que enfrentar anomalias e problemas que quando alcançam, em qualidade e quantidade, um limiar perigosamente crítico, só podem ser superados se mudarem literalmente de vocabulário, encontrando perguntas mais ricas e mais interessantes, introduzindo metáforas novas e mais vivas.

---

[23] Jung, *Trasformazioni e simboli della libido* (1912). Edição definitiva, *Simboli della trasformazione* (1952) cit., p. 144.

É por isso que as transições entre códigos que ocorrem na relação com a realidade e com os nossos semelhantes devem ser fundamentalmente entendidas como sinal de um alarme perceptivo e expressão de um sofrimento que a própria pessoa que interpreta o mundo, dentro e fora de si, ainda não sabe que experimenta ou ainda não é capaz de tolerar. Como dirá, peremptoriamente, em *Psicoterapia e Concepção do Mundo*: «Atrás da neurose esconde-se um sofrimento natural e necessário que não estamos dispostos a tolerar»[24]. Que, de resto, é uma repetição do que dissera cinco anos antes: «A neurose aparece sempre em lugar de um sofrimento legítimo»[25].

É verdade, como dizia Freud, que, por exemplo, os lapsos manifestam o inconsciente. Mas Jung esclarece que qualquer lapso, essencialmente, produz uma transgressão de códigos.

Esta transgressão deve ser entendida não tanto como violação das regras, mas como sinal de que determinado indivíduo, num determinado contexto de vida, sente que já não se identifica com as regras dadas e, querendo permanecer um indivíduo, começa a interpretar o mundo misturando códigos simbólicos diferentes, acedendo deste modo ao inconsciente, qual plano que vem antes do plano verbal. Numa primeira fase, o indivíduo permanece no âmbito das negociações entre os signos existentes, mas ainda no contexto do dizível começa a referir-se ao indizível, por isso instala-se uma linguagem dupla que, antes de mais, tem o efeito de perturbar a linguagem codificada. Numa segunda fase, pelo contrário, ocorre um movimento entre códigos existentes e códigos que ainda estão para vir.

Deste modo, Jung reformula os signos da experiência psíquica e aprofunda a hipótese dos dois sistemas psíquicos com que esta experiência nasce.

Há um sistema, «em plena luz», em que os códigos simbólicos, no seu pleno brilhar, coincidem com a experiência da realidade, tornando-se seus indicadores rígidos e provas certas.

---

(24) C.G. Jung, *Psicoterapia e concezione del mondo* (1943), in *Opere*, vol. 16, p. 92.

(25) C.G. Jung, *Psicologia e religione* (1938/1940), in *Opere*, vol. 11, p. 81.

Nele os códigos cristalizam-se e, cessando de funcionar, dão lugar à representação da coisa, da pessoa. E o homem que utiliza tais códigos sai de si, por assim dizer, para captar a realidade que está fora de si, como uma coisa em que toca alongando simplesmente a mão.

Há um outro sistema, «a meia luz», em que os códigos simbólicos, no seu meio-brilhar, já não coincidem com a realidade que indicam, tornando-se incertos, precários e até obscuros. Nesta circunstância, apenas são anúncio e presságio de certas partes da vida cognitiva com vista ao nascimento de outras partes que ainda não existem, mas que precisamente por causa da sua ainda não realidade reivindicam um significado mais decisivo. E o homem que os utiliza debruça-se sobre um outro estado a que necessariamente se sente pertencer, sendo, por isso, envolvido por um movimento interior que, sem o fazer sair de si, o convida a realizar uma passagem vertiginosa, mediante a utilização de analogias, para aquele que ainda não existe representado no verbal ou no real.

«De todas as vezes que queremos assimilar material desconhecido fazêmo-lo por analogia [...]. Os nossos reconhecimentos ocorrem sempre segundo este modelo. É este também o motivo substancial do simbolismo. É um compreender por analogia»[26].

No sistema luminoso, estamos no óbvio e, portanto, naquilo que é acessível e com que entramos em contacto aproximando-nos sem esforço. Estes códigos são criados com a finalidade de percorrer uma estrada não obstruída, na direcção do que se conhece e do que, estando bem exposto e evidente, não se esconde. Pressupõem que os nossos pensamentos e as nossas acções esquecem os processos mediantes os quais a sua familiaridade se constituiu. Esquecem, portanto, o bloqueio ou retardamento daquele metabolismo fluido, feito de percepções e pensamentos, sentimentos e intuições, que foi dando origem aos hábitos cognitivos e emotivo-passionais, cuja arquitectura

[26] C.G. Jung, *Aspetti generali della psicoanalisi* (1913), in *Opere*, vol. 4, pp. 255-256.

caracterizava a correspondência do «real» com as suas «representações». Pode dizer-se que o facto de esta forma de evidência óbvia se estabelecer torna rígidas as questões, contudo não se pode negar que faculta o sentido unitário do quotidiano e a aquisição do sentido da sua familiaridade: através do óbvio reinstalamos no quotidiano o único mundo construído, percepcionado, compreendido, assimilado e, por isso, podemos referir-nos a uma base que assegura a sobrevivência, nossa e do mundo, tal como o conhecemos[27].

Buscamos um sentido, para nós e para o mundo, mais consistente, mas, pelo contrário, somos introduzidos naquilo que se situa para além do óbvio e, portanto, somos convidados a confrontar-nos com o que é digno de ser procurado por muito que permaneça latente e imprevisível. Neste outro sistema, percorremos logo desde o início uma estrada nova, de saídas incertas e certamente obstruída por nós próprios, antes de mais, se não puséssemos simultaneamente em discussão o facto de sermos como somos. A introdução neste segundo sistema pressupõe que os nossos pensamentos e os nossos actos recordem o esforço com que os objectos – a nossa identidade e o nosso mundo – se constituíram na actual e familiar representação: denunciando os vários compromissos, afinando os fluxos de investimento e desinvestimento de sentido, gretando a arquitectura esforçadamente construída, alargando, por fim, aquela fissura que, de qualquer modo, permanece na quase-junção entre objectos reais e as suas representações.

Em tal situação, os códigos simbólicos percorrem de novo a trajectória dos nossos pensamentos e das nossas acções. E as formas do quotidiano, agora ineficazes – se não mesmo inúteis –, começam a renovar-se através daquela cunha que se pode introduzir nas múltiplas fissuras que ocorrem entre linguagens familiares adquiridas e linguagens ainda por articular. Nesta busca de um sentido mais elevado, o já dito aparece

(27) Também se pode dizer que semelhante segurança de base sanciona o compromisso entre o visível e o invisível: um compromisso indestrutível porque a todos convém e porque cada um de nós a ele convém.

como construção em cujos fundamentos se integram e se desenvolvem o conhecido e o desconhecido, o unívoco e o polissémico.

Contudo, para ir além do óbvio é necessário ter sido anteriormente expulso dele, por isso, não sendo possível continuar a ser protegidos, existem motivos adequados para viver *extra moenia*. Nesta transição para códigos novos, o unívoco e o equívoco, o explícito e o implícito e, portanto, aquilo que para Freud são a ordem «manifesta» e a ordem «latente», convergem de maneira binocular na mesma família de fenómenos: aumentando a profundidade de campo entre o primeiro plano e o fundo, tornam-se fruto de duas ópticas opostas, mas compatíveis entre si, o que faz com que o homem exprima a decisão, obstinada quanto dolorosa, de estar simultaneamente no não sentido, sem se render ao óbvio, mas também sem se render ao obscuro.

6. *Realidade e imaginação*

Ainda nestes anos, Jung considera que a experiência psíquica da «realidade» tem um fundamento arcaico na «imaginação» e, portanto, nas «imagens», ou seja, considera que as coisas do mundo, fora e dentro de nós, adquirem uma existência mais plena quanto mais somos capazes de as imaginar»[(28)].

> Prefiro a expressão «imaginação» à expressão «fantasia» porque entre as duas existe aquela diferença que os médicos de outrora tinham sempre presente quando diziam que *opus nostrum*, a nossa obra, deve realizar-se mediante *veram imaginationem et non phantasticam*, através da imaginação e não de maneira ilusória. Por outras palavras, segundo esta definição a fantasia é pura irrealidade [...], a imaginação é, pelo contrário, criação activa finalizada com um determinado objectivo»[(29)].

(28) Jung, *La funzione trascendente* (1957/1958, manuscrito de 1916) cit., pp. 21-46.

(29) C.G. Jung, *Traumsymbole des Individuationsprozess* (1936), in *Werke*, vol. 12, Walter, Olten und Freiburg in Breisgau, p. 62.

Jung afirma que em relação à função perceptiva e à função ideativa, a imaginação corresponde a um funcionamento da nossa mente mais económico e menos organizado, e que a percepção e a ideação não são possíveis sem imaginação porque a base do mental é caracterizado pela economia e pela organização mínima.

Por esta via, a imaginação, conjugando-se com a percepção e a abstracção, permite-nos transformar um objecto real específico numa forma antropologicamente visível: «percepcionado», «ideia» e, por fim, «objecto do conhecimento» ou «representação do objecto». É óbvio que Jung não afirma que sem imaginação não existe realidade; pelo contrário, diz que sem imaginação não existe realidade para nós, e isto quer nas nossas actividades quotidianas, quer nas actividades extraordinárias e, portanto, na ciência. Por outras palavras, a imaginação faz sempre parte do nosso conhecimento e da nossa experiência do mundo, assim como intervém continuamente no mundo através das várias representações dos diferentes objectos reais que nele se dão colectivamente.

Nesta acepção, a imaginação é o encontro possível do homem com a realidade: para que realmente capte a realidade, ou seja, aquilo que lhe é mais externo, o homem necessita da inteira complexidade psíquica e, antes de mais, da imaginação. Contudo, a imaginação, porque exprime a ligação que o homem pode estabelecer com a realidade, deve ser distinguida da ilusão e da fantasia que, como «funções de irrealidade», são, pelo contrário, modos do Eu se subtrair ao real ou de entrar em conflito com ele.

Este facto transforma o problema da diferença entre real e imaginação. Com efeito, esta questão é posta em modos novos e não apenas em termos novos: existe uma diferença, esta sim inelutável, entre o «objecto real» e a sua visualização científica e quotidiana. Esta diferença – a não total união entre a coisa e o respectivo conhecimento ou seus saberes – é o que torna possível a passagem para uma nova visualização do mesmo objecto real por parte da ciência e, sobretudo, da consciência.

Já em 1912, no capítulo dedicado às duas formas do pensar da obra *Transformações e Símbolos da Libido*, Jung salienta que a actividade cognitiva e a experiência da realidade, interna e externa, nascem do cruzamento contínuo do pensamento racional e lógico com o pensamento irracional ou intuitivo e, portanto, com a imaginação. E assim, formula uma concepção radical em que o pensamento racional é necessário mas não suficiente para captar a realidade, e ainda mais: o pensamento racional conduz a soluções erróneas e não pode operar concretamente senão cruzando-se com o pensamento imaginativo.

Com a expressão «pensar dirigido», Jung designa o funcionamento psíquico subordinado a finalidades representativas superiores, que se exerce através de conceitos verbais abstractos, convencionais e colectivos.

Pelo contrário, com a expressão «pensar não dirigido» designa o funcionamento psíquico com finalidades práticas, que se manifesta segundo modalidades involuntárias, sem esforço, cuja direcção é desconhecida e que tem como característica fundamental a extrema consistência e a fecundidade afectivo-sensorial da imagem, não exclusivamente visual, que a memória pré-verbal lhe fornece.

Para Jung, o pensamento racional é considerado o melhor instrumento para efectuar a adaptação à realidade, isto é, à convenção cultural baseada em generalizações e abstracções ou ao consenso intersubjectivo e, portanto, aos valores objectivos que constituem a comunidade. Contudo, o pensamento racional não esgota a compreensão da realidade.

O pensamento imaginativo, pelo contrário, é extra-racional e, portanto, não está em contraste com o pensamento racional, por ser portador não de irrealidade mas sim da componente individual necessária a cada homem para a compreensão da própria realidade:

> Os processos de direcção voluntária, tal como o pensamento dirigido – esclarecerá em 1928 – são sistemas psicológicos relativamente fechados [...] e baseiam-se no princípio da exclusão do que não é pertinente e que pode provocar um desvio na direcção escolhida. Os elementos «pertinentes» são abandonados à compensação recíproca e, entretanto, protegidos de influências externas perturbadoras. Deste modo, com o passar do tempo, alcançam

o seu estado provável, que demonstra a sua solidez, por exemplo, num conceito «radicado» ou numa concepção «familiar»[30].

O «pensamento dirigido», enquanto tal, é comunicação colectiva: pensamento, antes de mais, dirigido para os outros a partir deles mesmos. Esta comunicação, respondendo a uma necessidade de tipo adaptativo, vira-se para o exterior, refere-se à realidade constituída e remete explicitamente para os conceitos de domínio comum, que, de resto, são aqueles através dos quais se constitui a representação colectiva do objecto real. Nesta forma, o pensamento nunca se identifica com a individualidade que pensa nem com o seu objecto. Pelo contrário, caracteriza este último através dos pensamentos colectivos que se concretizaram em redor desse mesmo objecto, que se reificaram nos conceitos, nas categorias e nas ideias. Tal forma de pensar é negativa em relação à individualidade e perigosa para o sujeito que pensa, uma vez que este pode, por vezes, identificar-se com os conceitos. Por outro lado, é uma homenagem ao exterior e aos outros. A forma de pensamento dirigido interessa à psicologia porque permite a análise dos significados explicitamente atribuídos ao objecto pelo estrato mais superficial da psique do sujeito e pela mentalidade colectiva a que o indivíduo pertence: permite a análise do funcionamento da consciência, mas também das proposições de sentido da mente colectiva consciente.

O «pensar não dirigido» é concebido de duas maneiras diferentes[31]. Na primeira acepção, Jung refere-se propriamente ao exercício do pensamento livre de vínculos com a realidade e com o presente e, portanto, livre das regras com que estes últimos se constituem. De modo que a sua acção é essencialmente um produto da fantasia. Como tal, é, antes de mais, distanciamento em relação aos outros e, ao dirigir-se contra ou

[30] C.G. Jung, *Malattia mentale e psiche* (1928), in *Opere*, vol. 3, p. 35.

[31] Cfr. Jung, *Trasformazioni e simboli della libido* (1912). Edição definitiva, *Simboli della trasformazione* (1952) cit., pp. 21 e seg., 32 e seg.. Mas também, Idem, *Tipi psicologici* (1921) cit.

para além do que é exterior, evita qualquer referência à realidade constituída e oblitera todos os conceitos comuns ou partilhados que representam o objecto real. Portanto, não se identifica nem com o estrato superficial da colectividade a que pertence o sujeito que pensa, nem com o seu objecto; mas joga com ambos, literalmente, para implicar a complexidade psíquica do sujeito que pensa e a mesma complexidade do mundo colectivo a que o próprio sujeito pertence. É negativa relativamente à racionalidade colectiva e perigosa para o sujeito nas situações em que a sua consciência se identifica com as imagens e as emoções que a representação lhe suscita. Contudo, esta forma de pensamento é uma primeira homenagem à interioridade e à profundidade; antes de mais, é reconhecimento do pensamento individual e, no plano psicodinâmico, diferenciação do sujeito em relação ao mundo. Na segunda acepção, Jung, pelo contrário, refere-se à própria actividade intuitiva e ao intelecto no sentido que lhe atribui o pensamento antigo: isto é, a actividade do intelecto que é visão directa do inteligível, como diz Platão, ou do intelecto que na sua actividade se identifica com o próprio inteligível, como diz Aristóteles. Este tipo de pensamento – que devido à sua actividade extremamente produtiva complementara a actividade estabilizadora do pensamento dirigido – interessa à psicologia por causa da análise de significados que o estrato mais profundo da psique individual e colectiva do sujeito atribui ao objecto. De facto, a análise do pensamento não dirigido permite que se pesquise o funcionamento do inconsciente do sujeito: já que, através das mitologias e dos simbolismos recorrentemente utilizados por quem pensa numa certa forma, entram em cena as proposições de sentido que, lenta e constantemente, constituem e instituem a mente colectiva em que cada individualidade se radica. Neste sentido, o pensamento não dirigido coloca-se mais especificamente contra qualquer substancialização conceptual e representa um movimento na direcção da origem dos próprios conceitos revelando as imagens dominantes que veiculam[32].

[32] Jung, *Tipi psicologici* (1921) cit., p. 471.

A partir destas reflexões, resulta que a actividade racional pertence aos estados superiores de consciência em que, devido ao predomínio das funções cognitivas do complexo do Eu, prevalecem a lucidez representativa e a abstracção e, correlativamente, diminuem as componentes afectiva e sensorial. Em contrapartida, resulta que a actividade imaginativa pertence aos estados inferiores de consciência em que prevalecem as componentes de consistência, de afectividade e sensorial dominando as funções cognitivas dos complexos secundários. Mas no que respeita ao vínculo que vem a estabelecer-se entre as duas, a actividade imaginativa assume graus e formas diferentes relativamente ao nível de consciência a que pertence e às capacidades que o Eu possui para a objectivar. Consoante os níveis de consciência – que ao serem mais ou menos elevados permitem ou impedem uma actividade combinada com o complexo do Eu –, o pensamento imaginativo manifesta-se em formas altamente organizadas, ou então mediante formas desorganizadas, obscuras e confusas, se não mesmo visionárias, por vezes minimizando as representações ideativas e fazendo prevalecer a tonalidade afectiva e a componente sensorial.

Por esta via, configura-se cada vez mais um modelo do psíquico cujo funcionamento normal nasce da activação simultânea de todos os núcleos complexuais e, portanto, da cooperação e da complementaridade entre o pensamento racional, a razão, que mais anonimamente se radica no colectivo partilhado, e o pensamento imaginativo, a fantasia, que mais sistematicamente se refere à exigência da compreensão individual.

Com semelhante modelo, Jung reúne duas perspectivas psicológicas pelas quais tinha muita consideração, ou seja, a atenção fenomenológica para com o estado psíquico predominante e a explicação psicodinâmica de ocorrências simultâneas que a consciência não pode captar e que são compensadoras da própria consciência, embora não sejam mais autênticas. Deste modo, resulta que cada experiência é simultaneamente registada no plano psíquico por diferentes estados representativos, cada um dos quais exprime a relação que num mesmo objecto decorre entre as componentes cognitiva, afectiva e sensorial. Constituindo uma representação parcial da experiência, cada um dos múltiplos estados representativos não pode pretender maior conteúdo de realidade e de verdade relativamente a outros: a realidade e a verdade, pelo contrário, são o conjunto das diferentes representações produzidas pela actividade que as respectivas unidades complexuais realizam.

Jung admite que em relação a determinada experiência se possa manifestar uma relativa prevalência da actividade racional, mas a esta corresponderá – sempre – uma actividade imaginativa dos níveis inferiores de consciência, que privilegia os aspectos afectivos e sensoriais da experiência relativos ao impacto mais especificamente individual. Em consequência disso, qualquer clivagem que o pensamento racional faça relativamente ao pensamento imaginativo-fantástico conduz a uma amputação da psique, por um lado, e a uma amputação da realidade, por outro: uma aceitação arbitrária e insuficiente da *pars pro toto* tanto do lado do sujeito como do lado do objecto. Em contrapartida, a compensação da eventual predominância de um estado funcional com as informações fornecidas pelos estados inferiores que lhe são complementares garante um melhor acesso à realidade e uma melhor análise da respectiva experiência psíquica. Por isso, a representação predominante de uma determinada experiência ao ser envolvida por aquela série de sombras produzidas pelas representações secundárias ganha consistência e motivação, para além de profundidade semântica.

7. *A transcendência psíquica*

Em 1916, na obra *Função Transcendente*[(33)], Jung salienta que as transições entre códigos simbólicos são expressões e órgãos funcionais da libido e que a contínua transição da libido

[(33)] Jung, *La funzione trascendente* (1957/1958, manuscrito de 1916) cit., pp. 79-106.

entre formas simbólicas diferentes é fruto de um aparelho específico de conversão psíquica.

Os «símbolos» já não são – como em Freud – aquilo que está sob a consciência e, portanto, já não são manifestações de uma pulsão instintiva latente e inaceitável. A sua presença, pelo contrário, indica que a psique é simbolização e que a vida psíquica tem a sua especificidade na evolução e na transcendência dos códigos simbólicos: é precisamente porque nos transcendemos que somos os sujeitos das interpretações; e é precisamente por transcender a existência que a nossa consciência é capaz de fazer dela experiência.

> Com o nome de «função transcendente»» não se deve entender nada de misterioso, de supra-sensorial ou de metafísico, por assim dizer, mas sim uma função psicológica que, dada a sua natureza, pode ser comparada a uma função matemática que tem o mesmo nome e é uma função de números imaginários e reais. A «função transcendente» psicológica resulta da unificação de conteúdos «conscientes» e conteúdos «inconscientes»[(34)].

Ou seja, «a função transcendente [...] baseia-se em dados reais, ou racionais, e em dados imaginários, ou irracionais, construindo uma ponte sobre o vale que separa a consciência e o inconsciente»[(35)].

A função transcendente, portanto, é o aparelho psíquico que permite ultrapassar as interpretações, já dadas, a nosso respeito e a respeito do mundo. Ou seja, é o acontecimento dinâmico mediante o qual os elementos psíquicos, anteriormente distintos e considerados contrários ou estranhos, se recompõem numa unidade não sintética (tanto do ponto de vista intelectual como do ponto de vista estético)[(36)], reproduzindo numa composição tensa os pares de funções psicológicas fundamentais

---

(34) *Ibidem*, p. 83.

(35) C.G. Jung, *La psicologia dei processi inconsci* (1917). Edição definitiva, *Psicologia dell'inconscio* (1943) cit., pp. 1-120, em particular p. 81.

(36) Jung, *La funzione trascendente* (1957/1958, manuscrito de 1916) cit., em particular p. 103.

(pensamento e sentimento, intuição e sensação), que Jung porá em evidência passado algum tempo[(37)].

No plano teórico, Jung relaciona a função transcendente com a noção de «símbolo»: «O contraste entre posições implica uma tensão carregada de energia que produz algo de vivo, um terceiro elemento que, segundo o axioma *tertium non datur*, não é um aborto lógico, mas uma progressão que nasce da suspensão da antítese, um nascimento vivo que introduz um novo grau de ser, uma nova situação»[(38)].

No plano fenomenológico, Jung, pelo contrário, refere a noção de «conflito» e de «pares de opostos»: «[a função transcendente] manifesta-se como opostos que se aproximaram reciprocamente. Enquanto estes opostos se mantiverem estranhos um ao outro – naturalmente com a finalidade de evitar conflitos – não funcionam, dando origem consequentemente a uma estagnação mortal»[(39)].

Mais propriamente, entende que a simbolização, transcendendo o que é inconsciente e o que não é, produz uma «deslocação» da linha de fronteira entre o que é consciente e o que é inconsciente, assim como entre quaisquer pares de elementos, conteúdos ou estruturas da psique. Superando as distinções já dadas nasce uma nova atitude da consciência e, ao mesmo tempo, uma nova atitude do inconsciente, mas a nova consciência não satura nem desautoriza o inconsciente»[(40)].

Como se verá melhor de seguida, Jung propõe uma perspectiva segundo a qual a vida psíquica nasce na experiência e se desenvolve através das «diferenciações» e das «integrações» das respectivas figuras. As figuras e, portanto, os «valores» e os «significados» que designam a nossa vida psíquica são produtos da nossa biografia e, simultaneamente, efeitos de um processo de auto-individuação em vias de reelaboração entre «signos» do nosso passado e «símbolos» do nosso futuro. Na

---

(37) Jung, *Tipi psicologici* (1921) cit., p. 490.

(38) Jung, *La funzione trascendente* (1957/1958, manuscrito de 1916) cit., p. 105.

(39) *Ibidem*.

(40) *Ibidem*, em particular p. 88.

tonalidade afectiva com que, de vez em vez, os vivemos, os diferentes valores e os múltiplos significados estão ali a pedir-nos que cuidemos daquilo que ainda não somos, juntamente com aquilo em que estamos continuamente radicados.

8. A dimensão simbólica

Já em 1912, com *Transformações e Símbolos*, e mais claramente em 1921, com a obra *Tipos Psicológicos*, Jung salienta que a psicologia, ao interpretar a psique, é redutora quando usa a noção de «signo» e é construtiva quando utiliza a noção de «símbolo».

Nas definições presentes em apêndice no livro *Tipos Psicológicos*[(41)], Jung observa que aquilo que a psicanálise indica com «símbolo» deve ser ser substituído pelo termo «signo». Com efeito, uma expressão imaginativa é «signo» quando é considerada um objecto que se refere a um outro e, portanto, manifestação de elementos psíquicos profundamente ocultos, em grau diferente, no inconsciente. Neste sentido, a interpretação é um processo de análise e decomposição que, partindo de uma certa teoria, permite a utilização de objectos ou acontecimentos psíquicos como referências a componentes psíquicos fundamentais ocultos à consciência e latentes na globalidade da psique e, portanto, situados no inconsciente. Ou seja, o signo é um objecto que remete para outro, oculto, que subsiste devido a uma interpretação definida[(42)]. Uma imagem específica pode ser avaliada do ponto de vista semiótico e, por isso, utilizada como signo de um processo instintivo elementar[(43)].

---

(41) Jung, *Tipi psicologici* (1921) cit., pp. 413-492.

(42) C.G. Jung, *La struttura dell'inconscio* (1916), in *Opere*, vol. 7, pp. 263-308, em particular pp. 294 e seg.

(43) Jung, *La funzione trascendente* (1957/1958, manuscrito de 1916) cit., em particular pp. 89 e seg.

Porém, utilizando exclusivamente o ponto de vista da sexualidade, Jung observa:

> A escola de Viena interpreta o símbolo psicológico em sentido semiótico como um signo de certos processos psicossexuais primitivos. O seu método é analítico e causal. A escola de Zurique reconhece a possibilidade científica de uma concepção do género, mas contesta a sua validade exclusiva, porque interpreta o símbolo psicológico não apenas em sentido semiótico, mas também em sentido simbólico, ou seja, atribui ao símbolo um valor positivo. O valor do símbolo não depende apenas das suas causas históricas; a sua característica mais importante reside no facto de ter um significado para o presente e para o futuro nos seus aspectos psicológicos. Para a escola de Zurique, o símbolo não é apenas um signo de algo que foi removido ou reprimido, mas, simultaneamente, é também uma tentativa de compreender e adumbrar o sucessivo desenvolvimento psíquico de cada indivíduo[44].

A partir do modelo dos dois sistemas psíquicos, Jung considera que a mente vive mediante um sistema consciente constituído por «signos» que, mais propriamente, são símbolos «mortos», ou seja, símbolos que ao morrer deram vida à representação do real, obtendo para o mesmo real uma estabilidade e manuseamento no plano cognoscitivo; e considera também que a mente vive mediante um sistema inconsciente constituído por símbolos «vivos», ou seja, por tentativas, arriscadas e nunca garantidas, de «compor» e «juntar» os «opostos» que a consciência produz, na sua acção de diferenciação e selecção.

No primeiro sistema, evidenciam-se os significados psíquicos já dados e, portanto, as causas, as condições ou as intenções escondidas, restabelecendo os significados desconhecidos mas reconhecíveis. Neste âmbito, o símbolo tem um estatuto substitutivo que faz dele um operador tranquilo, uma vez que

---

(44) C.G. Jung, *Prefazione ai «Collected Papers on Analytical Psychology»* (1916--1917), in *Opere*, vol. 4, pp. 313 e seg.

se baseia na acção de «manter distinto» com a finalidade de clarificar e, portanto, conhecer.

No segundo sistema, pelo contrário, evidenciam-se expressões simbólicas que sendo indicadoras de um efectivo trabalho psíquico orientado para o novo remetem para significados que, embora ainda possíveis, são porém necessários para que a vida seja retomada: «O momento da eclosão de uma neurose não é casual; por regra é extremamente crítico. Normalmente, *é o momento em que se faz sentir a exigência de uma nova atitude psicológica, isto é, de uma nova adaptação*[(45)].

Enquanto o símbolo está «vivo» não existe conhecimento; contudo, cria-se um espaço para que o processo de conhecimento entre em acção, tanto é que, esgotada a margem de ignoto e de inexplicável, o «símbolo vivo» morre e transforma-se em «signo»[(46)]. Com esta característica, o símbolo encarna a natureza projectual da psique mediante a qual exterioriza a força de indicar, ou seja, a acção de significar. O «não significar algo» mas «pôr em acção os significados» representa, com efeito, o núcleo central daquela que é a mais evidente conotação do símbolo: o carácter não semântico, o facto de ser indicativo de forma indeterminada, a alusão a algo que ainda não existe. O estabelecimento na mente de tal sistema dá-nos a possibilidade de pôr o pensamento em acção e de nos fazer sair dos hábitos em que nos baseávamos de forma «neurótica».

9. O inconsciente criativo

Jung procura constantemente algo que possa explicar as instâncias inovadoras da nossa mente: pôr-se o problema da mudança é uma afirmação intelectual que ganha valor prático e efectivo somente quando compreendemos a sua necessidade e a assumimos como algo que nos ultrapassa.

---

(45) C.G. Jung, *Sulla psicoanalisi* (1916), in *Opere*, vol. 4, p. 264.

(46) Jung, *Tipi psicologici* (1921) cit., p. 484.

Nesta procura, Jung salienta a existência, no inconsciente, de um factor invisível de condicionamento produtivo e criativo ou, como escreve, uma «condição invisível», que denomina «inconsciente criativo»[(47)].

Segundo esta concepção, as transformações psíquicas são funções do mito que elabora o mundo através de um simbolismo que se exercita segundo modelos analógicos. A psicologia analítica, com progressiva clareza, formula a hipótese de uma criatividade original e em perene renovação através da imaginação inconsciente. É esta que fornece material à infinita tradução da nossa existência num problema aberto, em tentativas de solução, em erros inevitáveis ou em possíveis correcções. Jung chega a esta hipótese em 1928 quando fala de «actividade positiva» e de «impulsos produtivos» do inconsciente, isto é, de um inconsciente como conjunto de conteúdos *in statu nascendi*[(48)]. A produção criativa ocorre mediante a «combinação», compositora e decompositora, de elementos psíquicos, mas também de funções e atitudes fundamentais, ou então mediante o «desenvolvimento» de uma matéria chamada «prima». Estas actividades combinatórias e evolutivas evidenciam uma acção que deve ser sempre lida numa dupla direcção: progressiva e regressiva. Em todo o caso, Jung mantém a perspectiva psicológica que intrepreta a psique como estrutura pluralista e indeterminada, ou melhor, como um conjunto estrutural indeterminado e indeterminável constituído por numerosos complexos, funções e atitudes em recíproca interacção.

No plano teórico, Jung distingue o inconsciente criativo pela ausência de realidade efectiva relativamente aos efeitos que cria: tal como o trabalho do símbolo – assimilado ao do rito –, a actividade criativa inconsciente desvincula a coisa da sua verdade efectiva para que nela possam emergir novas possibilidades:

---

(47) C.G. Jung, *La struttura della psiche* (1927/1931), in *Opere*, vol. 8, pp. 174 segs.

(48) C.G. Jung, *Psicologia analitica e concezione del mondo* (1928/1931), in *Opere*, vol. 8, pp. 392 seg.

> Tal como a central eléctrica imita a cascata de água e, desse modo, se apodera da energia, assim a máquina psíquica imita a pulsão e se apodera da sua energia. Um bom exemplo, a este propósito, é a cerimónia dos Wachandi. Estes escavam no terreno um buraco de forma oblonga e plantam arbustos em todo o seu redor, imitando um genital feminino. Depois dançam à volta deste buraco segurando as suas lanças de um modo que recorda o pénis em erecção. Dançam em redor do buraco, espetam as lanças na cavidade e gritam: «*Pulli nira, pulli nira, wataka*» (*non fossa, non fossa, sed cunus*) [...]. Com os gritos repetidos e o êxtase da dança sugerem a si mesmos que o buraco escavado na terra é realmente um genital e, para que o objecto real da sua pulsão não os desvie desta ilusão, a nenhum deles é concedido olhar para uma mulher. Trata-se, portanto, de uma indubitável canalização da energia e da sua transferência para um análogo do objecto originário recorrendo ao procedimento da dança[(49)].

Em função das características atribuídas aos materiais do inconsciente criativo, a consciência, juntamente com o Eu, é fortemente implicada, porque sem ela os materiais psíquicos ficariam respectivamente sem realidade efectiva e seriam impossíveis, mas também inferiores e abstractamente utópicos. Portanto, para que sejam realizáveis, possíveis, não inferiores e internos ao espaço-tempo, é necessária uma transformação da psique no seu conjunto. Com efeito, estes conteúdos são novos e criativos pela diferença que mostram relativamente à consciência: como Jung afirma com a doutrina do «símbolo», são estranhos apenas quando «novos», são sim incompatíveis com a consciência e com o Eu, não por causa da sua hostilidade, mas pelo facto de ainda não existirem «associações» que permitam estabelecer relações entre os conteúdos «estranhos» e os conteúdos «familiares» e, portanto, «pontes» que consintam relações entre elementos diferentes e distantes»[(50)].

---

(49) Jung, *Energetica psichica* (1928) cit. p. 51.

(50) *Ibidem*, p. 19n.

10. A auto-individuação

A psicologia analítica, herdeira crítica da psicanálise, empenha-se no desenvolvimento de uma série de métodos, experiências e teorias que ajudem a compreender a nossa individualidade e as nossas relações sociais, pondo o problema da identidade não em absoluto, mas em relação aos esforços que fazemos para a pôr em cena e exercê-la.

Mediante a concepção de um aparelho funcional capaz de transcender os códigos simbólicos não apenas da cultura, em geral, mas também de cada indivíduo, Jung coloca no centro da sua pesquisa a experiência da nossa «diferença» na participação psicofísica no ambiente natural e social. O que está no centro da atenção diz respeito à «diferenciação» relativamente ao sistema de vida colectiva e a respectiva integração».

Toda a obra junguiana, a partir de 1916, recorre, em vários momentos e de diferentes perspectivas[(51)], à noção de «individuação». Por este conceito entende, fundamentalmente, o devir da nossa personalidade e, em particular, o processo psíquico da constituição da nossa individualidade relativamente a uma substância comum ou colectiva que paralelamente se vai reconstruindo e transformando. A questão psicológica que Jung coloca é a de como se constitui um indivíduo e, ao mesmo tempo, como se constitui o seu mundo interno e externo e, também, como se constituem os respectivos «signos» no seio do processo gnoseológico e afectivo.

Com a noção de individuação, Jung considera a natureza psíquica individual e a colectiva numa relação de mútua inclusão e de recíproca remissão. Para dar razão de tudo isto, o «processo de individuação» é entendido na sua articulação em dois subprocessos complementares: a «diferenciação» (que é

---

(51) Cf. *ibidem*, p. 173. Cf. Também os ensaios junguianos que se seguiram: *Energetica psichica* (1928) cit., p. 60; *La psicologia della traslazione* (1946), in *Opere*, vol. 16, pp. 173-328, em particular pp. 241 seg.; *Riflessioni teoriche sull'essenza della psiche* (1947/1954), in *Opere*, vol. 8, pp. 177-254, em particular p. 240.

distinção de uma parte psíquica relativamente a outra) e a «integração» (conexão das partes psíquicas entre si e com um todo não sintético). Em particular, a diferenciação remete para a constituição do próprio e do outro diferente do eu; a integração, por seu lado, remete para a relação entre os dois. De modo que todo o acto de determinação da nossa identidade tem sentido relativamente a um acto simultâneo de determinação dos outros diferentes de nós.

11. O vir a ser aquilo que se é

Jung considera problemática a frase de Freud «onde havia o Es deve suceder o Eu» e propõe, ao invés, a frase «como vir a ser aquilo que se é», uma reedição do «conhece-te a ti mesmo» do oráculo de Delfos.

Assim, a psicologia analítica coloca no centro da sua reflexão o *vir a ser* aquilo que se é, no sentido de *reconhecer-se* a si próprio por aquilo que se é. A descrição de nós próprios não é certamente aquela que foi estabelecida pelas autoridades progenitoras e sociais e tampouco é aquela que habitualmente de nós fazemos quando revelamos a outros aquilo que fomos. Reconhecemo-nos a nós próprios quando narramos o que foi de nós: a experiência daquilo em que nos tornámos enfrentando a difícil tarefa de nos definirmos a nós próprios. De resto, a auto-individuação, que neste sentido é restituição de nós a nós próprios, alcança-se passando por uma série de transformações e elaborações. Em semelhantes condições, os fundamentos do conhecimento de nós próprios e do mundo são «signos» que fundamentam a nossa individualidade e o nosso mundo:

> O desenvolvimento da personalidade significa [...] *fidelidade à própria lei*, [que] é confiança nessa lei [...], isto é, a personalidade nunca se pode desenvolver enquanto o indivíduo não escolher, conscientemente e com uma decisão moral consciente, *seguir o próprio caminho*. Não se trata apenas da motivação causal, isto é, da necessidade, mas a decisão moral consciente também deve dar impulso ao processo de desenvolvimento de personalidade. Sem a

> primeira, isto é, sem a necessidade, o chamado desenvolvimento seria uma pura e simples acrobacia da vontade; sem a segunda, ou seja, sem a decisão consciente, o desenvolvimento acabaria por encalhar num automatismo obtuso e inconsciente.[52]

Uma nova descrição da nossa vida requer expressões que, neste caso, são metáforas vivas, isto é, requer um dispositivo mediante o qual as nossas palavras, ao tornarem-se verdadeiras, conduzem a nossa mente na direcção de novas possibilidades a significar.

É por isso que Jung assume a metáfora como sinal da tensão paradoxal necessária entre o signo como código da procura e o símbolo como código da invenção. E é ainda por isso que Jung afirma que a identidade se alcança mediante um percurso de luto, porque o querer encontrar aquilo que realmente somos pressupõe o sacrifício da segurança que nos transmitem os fundamentos últimos e absolutos: um distanciamento em relação à identidade rígida das normas colectivas, mas também em relação ao carácter literal e familiar dos códigos instituídos. Semelhante percurso ocorre paralelamente ao pressentimento de uma nova identidade que se espera, lá onde a realidade ainda não é.

Tal processo não se dá mediante esquemas intelectuais, mas sim ligando entre si termos distantes e ainda não relacionados. Dá-se, portanto, não através daquilo que é notório e conhecido, mas permitindo que os «objectos» se manifestem na sua rica complexidade. Tal processo ocorre, com efeito, quando o nosso Eu, ao não pretender estender totalmente o próprio controlo estratégico sobre a experiência, se remete àquilo que nós já somos mas que, paradoxalmente, ainda temos que vir a ser.

Neste sentido, e no diálogo terapêutico do Eu com as outras partes de si, a pessoa em análise é convidada não tanto a mudar a sua personalidade, mas sim à assunção ética da sua personalidade e das práticas mediante as quais já subsiste: «Um homem

[52] C.G. Jung, *Il divenire della personalità* (1934), in *Opere*, vol. 17., p. 169.

[...] por ser individual pode vir a ser apenas aquilo que é e sempre foi [...]. O terapeuta deve deixar aberto o caminho da cura individual; esta não implicará mudança alguma de personalidade; consistirá, pelo contrário, num processo, chamado "individuação", mediante o qual o paciente virá a ser aquilo que realmente é»[53].

(53) C.G. Jung, *Che cos'è la psicoterapia?* (1935), in *Opere*, vol. 16, pp. 13 seg.

III. A problemática epistemológica

1. As formas de redução psicológica

De 1921 em diante, portanto a partir da obra *Tipos Psicológicos*, Jung reflecte sobre o estatuto dos fundamentos psicológicos[(1)].

Com efeito, remonta a esses anos uma série de considerações que, reflectindo sobre o problema da interpretação e do conhecimento, revêm a noção de «alma» e respectivos «constructos» e lançam os fundamentos do paradigma da «complexidade» e de um novo paradigma de «verdade», sobre o qual, mais tarde, se baseará a psicologia como «perspectiva», mas também a psicoterapia na sua vertente «dialógica».

Como Jung alguns anos mais tarde recordará: «Torna-se claro que, até agora, a minha função de descoberta no campo da psicologia consistiu principalmente em desfavorecer a simplicidade empurrando-a, por vezes, para a "monotonia" [...] ajudando a tomar consciência da real e inimaginável complexidade da alma humana»[(2)].

[(1)] C.G. Jung, *Tipi psicologici* (1921), *Opere*, vol. 6, pp. 1-412.

[(2)] C.G. Jung, *Prefazione a W.K. Kranefeld*, «La psicoanalisi» (1930), in *Opere*, vol. 4, p. 352.

De um modo geral, Jung fala de «reducionismo» a propósito das concepções psicológicas que não respeitam a complexidade e a articulação dos fenómenos que pretendem explicar: reduzindo a realidade a um só aspecto e o conhecimento a uma única abordagem, o cientismo que perpassa o positivismo é fundamentalmente redutor(3).

Com isto, Jung pretende evitar que a investigação psicológica caia no reducionismo, entendido como redução acrítica de diferentes fenómenos a um único e exclusivo princípio explicativo. Todavia, admite a redução como método cognoscitivo, segundo o qual toda a redução dos fenómenos da realidade, feita no plano do conhecimento, implica a instituição de uma relação de identidade ou de uma relação «nada mais que» entre dois elementos que precisamente subsistem um exterior ao outro.

De resto, na prática teórica e na prática clínica, Jung fala constantemente de redução para indicar que a «actividade mental se pode avaliar a partir do exterior [...] e pode ser substituída por conceitos elementares segundo o princípio do "nada mais que"»(4).

Consoante os elementos postos em relação, a psicologia junguiana dá origem a diferentes linhas de investigação: desde a pesquisa sobre as causas do sofrimento psíquico até à do significado dos sintomas psicopatológicos e à das relações entre os diferentes componentes e múltiplos valores da psique. Neste sentido, para Jung existe uma «redução ontológica» quando objectos de um tipo se reduzem a objectos de outro tipo, uma vez que o «excedente libídico» das formulações fantásticas (sonhos, sintomas, delírios, fantasias) se atribui aos instintos e ao estado biológico natural(5). Existe também uma «redução teórica» quando uma teoria remete para uma outra

(3) Cfr. C.G. Jung, *Psicologia e alchimia* (1944), in *Opere*, vol. 12, pp. 219 e segs.
(4) C.G. Jung, *Sulla comprensione psicologica dei processi patologici* (1914), in *Opere*, vol. 3, pp. 192 e segs.
(5) Cfr. C.G. Jung, *La psicologia dei processi inconsci* (1917). Edição definitiva, *Psicologia dell'inconscio* (1943), in *Opere*, vol. 7, pp. 1-120.

teoria de que representa apenas um caso particular, como a psicanálise para a psicologia analítica. Existem outras reduções: a «redução causal», que ocorre quando uma entidade ou uma experiência se explicam inteiramente com base nos poderes causais de outras entidades ou experiências, como, por exemplo, «os sintomas orgânicos e psíquicos não são mais do que efígies simbólicas do complexo patogénico»[(6)]; e a «redução explicativa», quando determinado fenómeno se explica com um outro, como, por exemplo, cada fenómeno da cultura explica-se em psicanálise como «substituto de pulsões insatisfeitas» a partir do facto de «fenómenos psíquicos complexos como a arte, a filosofia e a religião se tornarem "suspeitos" como se "nada mais fossem do que" o resultado de um recalcamento sexual»[(7)]. A estas reduções deve-se acrescentar as «reduções decompositoras», que ocorrem quando o material simbólico da imaginação se reconduz aos elementos e às estruturas que o compõem[(8)]; e a «redução figurativa», nas situações em que se admite que se fala sempre do inconsciente através das figuras com que é possível representá-lo, e quando as suas figuras ou imagens se traduzem em figuras ou imagens típicas, uma vez que seguindo «o espírito da *reductio ad causam* o *in primam figuram* [...] cada modificação do estado [da libido] não é mais do que "sublimação" das substâncias fundamentais, e, portanto, nada mais do que expressão imprópria da mesma velha coisa»[(9)].

É possível afirmar que Jung, ao dirigir a observação para a consciência e para os dados da experiência, vê-se obrigado a determinar as estruturas e as formas essenciais dos conteú-

---

[(6)] C.G. Jung, *Psicoanalisi ed esperimento associativo* (1906), in *Opere*, vol. 2, t. 2, p. 196.

[(7)] C.G. Jung, *Lexikonartikel Tiefenpsychologie* (1948), in *Gesammelte Werke,* Walter, Olten-Freisgau 1981, vol. 18, t. 2, p. 512.

[(8)] Cf. C.G. Jung, *La psicologia dei processi inconsci* (1917). Edição definitiva, *Psicologia dell'inconscio* (1943) cit., em particular p. 82.

[(9)] C.G. Jung, *Energetica psichica* (1928), in *Opere* vol. 8, p. 30.

dos psíquicos e, portanto, a identificar as mais comuns e repetidas situações gnoseológico-afectivas do homem na sua relação com o mundo. Do mesmo modo, é possível afirmar que, no domínio da psicologia junguiana – tal como na freudiana –, a redução é o momento fundamental da prática teórica, pois manifesta com progressiva clareza que é um procedimento eficaz na resolução dos diversos e infinitos objectos psíquicos observados e experimentados, nos seus múltiplos, mas não infinitos, componentes mais simples e nas suas diferentes, mas bem definidas e típicas, relações essenciais.

Contudo, a redução, nas suas várias formas e nos seus diferentes planos, é sempre considerada uma simplificação que a psicologia realiza relativamente aos saberes de que dispõe. Como tal, Jung considera a redução uma clausura cognoscitiva dos fenómenos, que devido às suas características não definitivas nem totais tem o significado de um limiar cognoscitivo que, ao delimitar, abre-se ao confronto com ulteriores conhecimentos e fenómenos, da mesma ordem ou de ordem diferente, ainda desconhecidos. Por outras palavras, com a aceitação crítica da redução, Jung pretende eliminar o carácter necessário da verdade e, portanto, considera que cada verdade da psicologia é contingente e relativa aos métodos, às teorias e aos sujeitos que, por vezes, a configuram, e por isso mesmo, é efeito de uma análise redutora específica – susceptível de ulterior rectificação ou correcção.

2. O problema da interpretação

Para Jung, do ponto de vista histórico, o método interpretativo da psicanálise baseia-se na hermenêutica, isto é, na tradição que afirma que a realidade em que estamos inseridos é um texto que, precisamente pelo seu carácter ambíguo, pode abrir-se às nossas interpretações. Neste sentido, tudo o que não é dado adquirido é algo que existe para além do homem, contudo, para subsistir realmente necessita de um homem que o percorra e o recrie com os diferentes valores e as diferentes estruturas mentais[10].

Jung considera a noção de interpretação da tradição hermenêutica uma metodologia «referente ao sujeito»[11], e levanta uma série de questões. É necessário aceitar como teoricamente estimulante o regresso à antiga ideia que a psicanálise veiculava, segundo a qual o material onírico é um signo que, estando «pleno de sentido» ou sendo «denso de significado», remete para outra coisa qualquer e, em particular, para o inconsciente ou para um complexo psíquico diferente do complexo do Eu. Ainda mais fundamentalmente, qualquer material psíquico exprime um momento específico do processo representativo de auto-individuação e a sua interpretação deve ser sempre considerada a delimitação de um núcleo complexo[12]. Aquilo que a interpretação encontra, de qualquer modo, deve ser entendido tendo em conta a «equação pessoal» do observador e o método que a observação aplica. E o significado do objecto psíquico em exame deve ser assumido, coerentemente, como «representação» que a ciência atribui ao próprio objecto[13].

Juntamente a esta série de questões, Jung distingue claramente dois modos diferentes de interpretação: a «interpretação redutora» e a «interpretação construtiva». O processo interpretativo delineia, portanto, um momento «redutor» e um

(10) Esta orientação não se encerra num subjectivismo absoluto e, portanto, numa liberdade ineficaz ou na arbitrariedade do Eu. Pelo contrário, é um convite ao homem para se centrar em si mesmo como pessoa, mostrando-se globalmente empenhado e profundamente participante na representação do real. Deste modo, sublinha-se que o real não existe verdadeiramente sem a nossa representação e que as funções específicas e as estruturas psíquicas, individuais e colectivas, emergem somente na nossa interpretação.

(11) Jung, *Energetica psichica* (1928) cit., pp. 85 e seg.

(12) Cf. C.G. Jung, *Psicologia dell'archetipo del fanciullo* (1940), in *Opere*, vol. 9, t. 1, pp. 143-174, em particular p. 150.

(13) Ou seja, deve recordar-se que entre o objecto e a sua representação, também científica, existe uma constante e insuperável «separação», que será, depois, a «diferença» que justifica ulteriores interpretações.

momento «construtivo», que são, respectivamente, encerramento e abertura do processo de conhecimento.

A «interpretação redutora» é o procedimento segundo o qual determinada coisa tem sentido na medida em que se pode associá-la a outra coisa já sabida e conhecida e, portanto, ao âmbito dos conhecimentos que a prática psicológica já determinou. É o que faz a interpretação freudiana quando remete todo e qualquer simbolismo psíquico para a libido sexual e, portanto, para os instintos e pulsões como base orgânica da psique: a interpretação é obra de descodificação segundo códigos predefinidos e se se concebe o inconsciente como conjunto de entidades estáveis e últimas, a interpretação termina num significado igualmente estável e conclusivo. Também não se afasta desta acepção a interpretação como obra de decifração do material psíquico que permite alcançar um dos muitos motivos arquetípicos que constituem o «fluxo» em que o Eu se movimenta e através do qual compensativamente se desenrola. A interpretação redutora junguiana, tal como a freudiana, é, de facto, a procura de um sentido que coincida com a causa e, portanto, com a «redução explicativa»: evidencia significados – por exemplo, os desejos inconscientes – mas também a necessidade de segurança, que são causas do processo psíquico. Por outras palavras, este tipo de interpretação é um processo de conhecimento das dinâmicas inconscientes que produzem os diferentes simbolismos do sonho, percorrendo ao contrário o caminho que estes percorrem.

As diferenças entre as interpretações redutoras freudiana e junguiana são as seguintes: antes de serem materialistas ou espiritualistas, racionalistas ou realistas, as interpretações são, precisamente, interpretações; o significado para o qual a interpretação remete é de facto uma causa, mas nem sempre pode ser bem especificada e absolutamente conhecida. Pelo contrário, na maior parte das vezes só pode ser representada por formas, tipos ou figuras; para se chegar à interpretação redutora é preciso amplificar os materiais psíquicos mediante simbolismos que, paralelamente, podem ser encontrados na cultura antropológica; a comunicação das interpretações pode transformar a psicoterapia numa transmissão de saberes com efeitos sugestivos.

A «interpretação perspéctica», pelo contrário, tem a ver com a atribuição de intenção de concepção a algo que, sendo ainda desconhecido, não persiste na quota dos conhecimentos da prática psicológica e na esfera da consciência.

Se o primeiro modo interpretativo se refere à «lógica causal», que faz com que uma ocorrência psíquica seja «sintoma» ou «sinal manifesto de um conteúdo latente», este segundo modo refere-se, pelo contrário, a uma «lógica finalista» segundo a qual a mesma ocorrência é «símbolo», ou seja, é uma instância operativa que promove o desenvolvimento e a transformação do psíquico. No primeiro caso, determinado produto psíquico tem um significado diferente do da consciência e tem origem em algo que é inconsciente mas que o saber psicológico conhece. No segundo caso, tem um significado ainda não atribuído pelo processo de significação do conjunto psíquico e «não tendo origem em coisa nenhuma» e «querendo vir a ser alguma coisa», é o que a consciência e o saber psicológico não conhecem e devem pensar[14].

3. Dois pólos do arco interpretativo: o saber e o pensar

Para Jung, a inteligência racional é a faculdade analítica que decompõe a experiência em ideias e conceitos. Mas enquanto tal, é uma fase que tem de desbravar continuamente os seus efeitos para entrar numa outra fase, a da intuição e da vida. De modo que a vida psíquica se resolve num contínuo movimento cognitivo e afectivo que ao desenrolar-se desenha a esfera do «saber» e a do «pensar». Estas duas esferas correspondem, respectivamente, ao perdurar e ao recomeçar da própria vida psíquica. Com esta intuição Jung considera que a nossa vida, mas também a vida da psicologia, passa por dois momentos

(14) Jung, *Tipi piscologici* (1921) cit., p. 488.

diferentes: um momento em que adquirimos um tipo de conhecimento que, na sua limitação intelectual – e, portanto, na sua definição – podemos claramente verbalizar e comodamente comunicar; e outro momento em que pomos tudo em discussão e repensamos tudo o que anteriormente foi adquirido.

Na primeira fase, nasce e actua o saber, racional e lógico, que faz a distinção entre homem e mundo: por um lado, o homem com as suas «intenções» e, por outro, as suas «representações dos objectos». Nesta fase de não elaboração, o homem permanece numa condição impessoal, numa vida modelada pela rede dos formalismos, no óbvio que confere ao mundo os seus contornos rotineiros e previsíveis.

Na segunda fase, pelo contrário, nasce e actua o olhar do pensamento, livre e flutuante, que põe em relação o homem e o mundo: o homem despido das suas intenções e o mundo, por sua vez, despido das suas representações. Portanto, o homem é restituído à sua relação originária com o mundo e nasce entre eles uma unidade que aponta para uma «indiferenciação» preexistente: para o mito originário que perpassa completamente o homem; para aquela totalidade que se desenrola em percursos feitos de magia; para a aspiração à totalidade para a qual remete o sonho, todas as noites; para a atenção flutuante que nós dirigimos para os nossos sonhos e para as crenças arcaicas. Nesta fase, de elaboração, existe a morte – e o respectivo luto – das coisas tal como se conhecem e do seu revestimento cognitivo. Por isso, a vida cognitiva e afectiva recomeça sempre com a sensação de um vestido apertado, com um óbvio que ainda não existe, mas que já indica algo que ainda não conhecemos. É nestes instantes que nos apercebemos realmente de nós e dos outros e nos descobrimos empenhados num jogo que é mais elevado do que a vida rotineira: naquela auto-individuação que é fluxo de pensamentos e emoções que, obrigando-nos a olharmos para nós próprios e o mundo, entregam ambos a um novo e segundo nascimento.

Devido ao efeito que a segunda fase tem sobre a primeira, o nosso saber assume essencialmente um carácter empírico: é uma compreensão daquilo de que temos experiência e nunca equivale a explicações externas, definitivas e absolutas. Sendo compreensão da experiência, o saber é interpretação e, como tal, acontecimento simbólico-sinalético. Equivalendo, sobretudo, à profundidade abissal de um pensamento que assoma à expressão, cada pensamento relativo a qualquer coisa que existe como experimentada é uma interacção que não autoriza a fechar definitivamente o pensar e a experiência na sua identidade ou na sua diferença absoluta. O carácter abissal do pensamento, que se exprime no saber da psicologia das profundezas, deve ser considerado constituição provisória de uma «indiferença» entre o pensar e o experimentar e, portanto, indica uma resposta que *diz* que corresponde à experiência, mas que, como tal, deve poder ser repensada.

Por esta via, coloca-se essencialmente a hipótese de toda a institucionalização científica, mas também quotidiana, do saber, dispor de uma marginalização, ou melhor, de uma suspensão do pensamento e da fantasia ditada por uma exigência pragmática e estritamente moral.

Em virtude destas observações, Jung distingue o saber «total» do saber «relativo», o saber sem limites do saber circunscrito aos limites que cria.

Sinal do primeiro é a violação dos tabus, que coloca o homem na sua «semelhança com o deus»[15]. Um tal saber «verifica-se lá onde os homens são dominados por uma noção ou por uma descoberta e o conhecimento ultrapassa impiamente um limite sacrossanto»[16].

4. A realidade e as suas representações

Através da teoria dos «tipos» e da doutrina do «símbolo»[17], Jung elabora uma psicologia do conhecimento em que a rea-

---

(15) Cfr. C.G. Jung, *L'io e l'inconscio* (1928), in *Opere*, vol. 7, p. 277.

(16) *Ibidem*, p. 154n.

(17) A que fazem referência as noções de «intencionalidade», «consciência» e «conceito».

lidade não existe sem que o homem lhe dê uma representação específica[18] e em que o conhecimento já não é um mero produto da razão, mas sim pleno de imaginação; porque a própria razão, por ser efeito do pensamento e do afecto, é aquilo que se designa um «pensamento imaginado»: nós só conhecemos a realidade pela mediação do psíquico, mediante a «memória sonhadora» ou mediante aquela que Freud designou «atenção flutuante».

Se, nesta perspectiva, a realidade apenas existe na nossa representação e, portanto, precisa de nós, por outro lado, a realidade é precisamente aquilo que é diferente de nós e que não se esgota na representação que dela fazemos. Mais exactamente, a realidade deve ser considerada aquilo que para realmente existir necessita não das intervenções, mas da surpresa do Eu e do empenho do nosso conjunto psíquico: a realidade não é aquilo que está, *tout court*, em frente ao Eu, mas aquilo em que estamos imersos e com o qual a nossa complexidade se consolida; à realidade podemos arrancar os véus da nossa ilusão, os véus das «projecções» e das «identificações», mas não podemos desvelá-la.

Daqui resulta que, ao falar da realidade, se cruzam duas classes de objectos: o «objecto da realidade» como conjunto de coisas e de processos externos ao conhecimento, dos quais se devem conhecer as funções, as estruturas e as respectivas evoluções; e o «objecto do conhecimento», ou seja, aquilo que sendo interno ao conhecimento exprime e permite reconstruir a linguagem e a estrutura lógico-conceptual do sistema teórico específico, individual e colectivo, que traduziu ou sublimou o objecto da realidade dando-lhe uma «representação» específica.

Deste modo, Jung elabora uma psicologia em que para conhecer a dinâmica psíquica de um sujeito, individual e colectivo, se devem estudar as suas representações no momento em que estas se cruzam com os objectos da realidade.

A representação resultará como distinção e síntese de núcleos psíquicos opostos, sejam eles funções, atitudes fundamentais ou estruturas[19]: um todo de natureza essencialmente simbó-

---

[18] Cf. Jung, *Tipi psicologici* (1921) cit., em particular pp. 452 seg.
[19] *Ibidem*, p. 478.

lica com características de um produto complexo constituído por imaginação e sensação, pensamento e memória e que desempenha a função de distinguir e juntar um interno e um externo. A representação, por isso, é um todo situado entre o âmbito natural e o âmbito cultural, ou seja, entre os âmbitos que são a «realidade objectiva» e a «realidade antropológica»[(20)].

5. A tarefa cognitiva

Com as primeiras reflexões sobre os *tipos psicológicos*, Jung procura explicar a inovação de sentido que pode ocorrer na vida e do modo inovador de captar o psíquico no plano da investigação, ultrapassando respectivamente a «unilateralidade» ingénua da consciência e o «dogmatismo» acrítico da ciência.

Com esta finalidade, Jung considera que o conhecimento é um processo circular constituído por uma fase de «clausura cognoscitiva», em que o objecto da realidade mostra que coincide de maneira analógica com o objecto do conhecimento, e por uma fase de «abertura cognoscitiva», em que o objecto da realidade, pelo contrário, mostra a sua irredutível diferença relativamente ao objecto do conhecimento, permitindo o aparecimento de um novo significado. Do primeiro momento fazem parte a «objectividade» e a «intersubjectividade», em que o objecto da realidade, provisoriamente, ganha independência em relação ao processo de conhecimento, consentindo uma pausa ao pensamento individual e colectivo e, ao mesmo tempo, permitindo a constituição de um saber no plano da consciência. Deste modo, ocorre uma suspensão temporária do conhecimento já atribuído, que dá vida ao «mundo intermédio» da simbolização, feito de diferentes limiares de realidade, em que o «princípio da realidade» não é «espelho» da realidade,

(20) Em particular, parece que a representação mental de um objecto pode ser mais bem compreendida se não se radicalizarem os elementos da percepção e do pensamento, ou da sensação e da imaginação, podendo, até, ser ocasião para os compreender.

assim como o «princípio do prazer» não é «imaginação» privada de realidade.

O conhecimento configura-se progressivamente como construção e, antes de mais, como construção de uma ponte sobre as diferenças entre os planos do conhecimento e da realidade e, portanto, entre um sujeito antropológico e um objecto real. Assim sendo, no conhecimento define-se não apenas o objecto, mas também o sujeito, tornando-se, por isso, possível uma permuta entre ambos. Por outras palavras, a tarefa cognoscitiva é a possível construção integrativo-adaptativa, em que o homem deixa que exista algo de independente em relação a si e, em particular, ao seu Eu e na qual, portanto, nasce a diferenciação entre dois elementos - e a sua correspondência de variadas maneiras –, sejam eles o Eu e a alteridade, a consciência e o inconsciente, o homem e o mundo[(21)].

6. A presença do observador no mundo observado

A partir das considerações sobre o processo cognitivo resulta que entre sujeito observador e objecto observado existe uma relação circular de coexistência e interdependência. Deste modo, Jung inaugura o regime da «simultaneidade» que, fundando um paradigma de pertença recíproca, identifica uma conexão de sentido das representações entre si.

Com efeito, Jung afirma que, antes de alcançar a distinção e a oposição, de bom senso, entre o sujeito e a realidade, existe na tarefa cognitiva uma unidade originária indistinta em que os dois se pertencem reciprocamente.

Com esta hipótese, ele salienta a existência de nexo profundo entre a escuta e a recepção da realidade e a elaboração e

[(21)] Deste modo, o conhecimento é a construção de uma grelha entre nós e as coisas, entre nós e as pessoas, no mesmo nível em que nós estamos e em que estão as coisas e as próprias pessoas. Por isso, se esta grelha falha, perde-se a certeza do mundo e a nossa orientação.

construção da experiência, afirmando que a nossa responsabilidade ética é imanente a tudo isto.

A nossa observação deixa de ser reflexo da realidade. Pelo contrário, é uma produção de representações que, por um lado, permite descrever a realidade e, por outro, permite identificar o modo com o qual a descrevemos: o nosso olhar nunca é neutral nem objectivo, mas é o resultado do modo de olhar e, por isso, aquilo que qualquer nossa observação transmite é, antes de mais, o nosso próprio olhar.

De resto, a psicologia analítica identifica os limites e as possibilidades da observação e relaciona-os com a psique do psicólogo. Por isso, qualquer observação em psicologia e em psicoterapia implica o facto de entre o observador e o observado subsistir uma relação indissolúvel e um diálogo necessário.

Na obra *Tipos Psicológicos*, Jung escreve sobre os limites da equação pessoal afirmando que para almejar «uma avaliação científica e exacta de uma psique diferente da do observador» e, portanto, para evitar um pensamento psicológico que produza um conhecimento «psicologizado» ou «saturado de psicologia projectada», é indispensável reconhecer e considerar os «factores subjectivos que influenciam o conhecimento em geral e o conhecimento psicológico de um modo totalmente particular. A tal propósito, considera que o «material observado» é produto de uma observação, ou seja, sugere que se considere que a equação pessoal entra em acção «logo desde o momento da observação, já que se vê aquilo que a própria individualidade permite ver». Mas ainda mais do que na observação, a equação psicológica pessoal faz-se «sentir na descrição ou na exposição dos dados recolhidos; para não falar, também, da interpretação e da abstracção a que é submetido o material que nos é facultado pela experiência»[22]. Para além de ser limite, Jung afirma que a equação pessoal é o trâmite da observação e da descrição, da interpretação e do conhecimento. A introdução na teoria psicológica do reconhecimento da equação pes-soal já

(22) Jung, *Tipi psicologici* (1921) cit., pp. 21 seg.

não conduz à sua eliminação como erro e já não nos faz cair no subjectivismo ou no relativismo absoluto. Pelo contrário, conduz a operações de segundo nível e, portanto, a observações ulteriores. Ou seja, a noção de equação pessoal leva a afirmar que a psicologia remete inevitavelmente para algo e, portanto, uma circulação entre «que coisa» se afirma e «quem» afirma essa tal coisa. A este respeito, Jung considera que a tipologia é um «instrumento fundamental para determinar a equação pessoal do psicólogo prático»[(23)]. Mas também salienta que a tipologia, na qualidade de construção psicológica, deve ser considerada um produto da equação pessoal e do seu construtor ou do tipo psicológico a que pertence esse mesmo construtor. Daqui resulta a sua validade e a possibilidade de ser utilizada dentro dos limites e das capacidades que essa construção e o construtor perspectivam, eventualmente no seu ser «típicos».

Jung elabora implicitamente estas considerações no momento em que, ao reflectir sobre a relação entre a *Crítica da Razão Pura* e o seu autor, afirma: «Já não se trata de perguntar: "isso" foi visto, sentido, tocado com a mão, sopesado, contado, pensado, considerado lógico?, mas sim, "quem" viu, "quem" sentiu, "quem" pensou». Ou seja, para Jung trata-se de estar convencido de que até a «personalidade de Kant condicionou de maneira significativa a *Crítica da Razão Pura*. Ao fazê-lo, porém, não se pode cair num psicologismo absoluto e, portanto ingénuo, ou seja, não nos devemos deter no momento em que se questiona o «quem» disse aquela coisa, mas é necessário, pelo contrário, relacionar o «quem disse» com o «que coisa foi dita»[(24)]. Devido a uma série de reflexões de carácter epistemológico, a observação em psicologia analítica tem múltiplos pressupostos, todos eles baseados na declaração de que se deve constantemente desconfiar do princípio da «pura observação»[(25)].

---

(23) C.G. Jung, *Tipologia psicologica* (1936), in *Opere*, vol. 6, p. 558.

(24) C.G. Jung, *Gli aspetti psicologici dell'archetipo della madre* (1938(1954), in *Opere*, vol. 9, t. 1, p. 79.

(25) Jung, *Tipi psicologici* (1921) cit., p. 21.

De facto, com Jung decai o princípio da psicologia objectiva no significado fundamental de uma psicologia absolutamente «válida para todos», ou seja, independente, entre outras coisas, deste ou daquele sujeito e das preferências particulares, dos valores ou interesses de cada sujeito e da cultura em que este está inserido. Sendo múltiplos os factores intervenientes, a observação psicológica é sempre relativa aos factores que se evidenciam, precisamente, na prática da observação. Em particular, a observação é relativa à prática e ao método específico que a mesma prática adopta; é relativa às restrições realizadas na consideração do objecto; é relativa à equação pessoal do observador; é relativa ao sistema observado; é relativa, por fim, aos aspectos absolutamente inconscientes da psique[(26)].

Em psicologia e, sobretudo, na psicoterapia, é necessário ter consciência de que o acto de observação está inelutavelmente vinculado à equação psíquica não apenas do sistema que observa, mas também do sistema observado, e que, precisamente na observação, tais sistemas se transformam de absolutamente fechados em sistemas abertos e reciprocamente limitados[(27)]. Por outro lado, é a partir destas duas considerações que Jung elabora uma terceira segundo a qual a teoria psicológica que progressivamente emerge na observação deve ser considerada testemunho do processo psicológico que por vezes se dá[(28)]. Deve ainda ser dito que, para Jung, semelhante argumento conduz a psicologia para lá do modelo positivista em direcção a um modelo multiperspectivista que, essencialmente, se abre à «posição ética do observador», ou seja, ao facto de que cada observador está moralmente implicado nas próprias observações»[(29)].

---

(26) *Ibidem.*

(27) Cf. C.G. Jung, *Considerazioni generali sulla teoria dei complessi* (1934), in *Opere*, vol. 8, pp. 119 seg.

(28) C.G. Jung, *Riflessioni teoriche sull'essenza della psiche* (1947/1954), in *Opere*, vol. 8, pp. 233 seg.

(29) *Ibidem.*

7. *O relativismo tipológico*

Jung pode ser considerado um estudioso da tolerância, entendida não no sentido negativo e passivo de suportar dos outros, mas como capacidade do Eu de suportar a tensão do choque com elementos intrapsíquicos ou interpsíquicos. Ou seja, no sentido activo e positivo de um exercício crítico através do qual o Eu, constituindo-se como ponto de vista perspéctico, reconhece a existência de pontos de vista diferentes[(30)].

A tipologia junguiana nasce de tais considerações, mas sobretudo da teoria dos complexos, a que se ligam duas hipóteses tão fortes quanto contrastantes: a hipótese das invariantes imaginais inconscientes e a hipótese do pluralismo de perspectivas. A primeira hipótese tem uma elaboração inicial e provisória na obra *O Eu e o Inconsciente*, ou seja, na concepção estrutural da psique que não pode ser nunca totalmente definida e que é indefinível enquanto tal. A segunda hipótese desenvolve-se com a descrição tipológica e com o princípio da relatividade de toda e qualquer concepção estrutural da mente.

Assumida de modo coerente, a tipologia reflecte o princípio da relatividade de toda e qualquer concepção estrutural da psique e abre caminho ao método da multiplicidade das perspectivas, deixando antever a possível relativização da própria tipologia que Jung ia construindo.

A questão é exposta pela primeira vez em 1913, por altura da questão do uso crítico da psicanálise[(31)], e é proposta de novo, sucintamente, em dois ensaios que se seguiram[(32)]. Tal núcleo desenvolve-se totalmente em 1921 com a obra *Tipos Psicológicos*, pelo que todos os escritos posteriores a ela se referem sem nada acrescentarem.

---

(30) Cf. Jung, *Tipi psicologici* (1921) cit., em particular p. 495.

(31) Cf. C.G. Jung, *Sulla questione dei tipi psicologici* (1913), in *Opere*, vol. 6, pp. 502-511.

(32) C.G. Jung, *La struttura dell'inconscio* (1916), in *Opere*, vol. 7, pp. 263-308; Id., *La psicologia dei processi inconsci* (1917). Edição definitiva, *Psicologia dell'inconscio* (1943) cit.

Com o conceito de individuação acima formulado deixa de ser possível falar de uma «natureza humana», em termos gerais. É necessário falar de um homem que pensa, sente, intui e faz experiência de si mesmo e do mundo em que está inserido, de maneira individual. Daqui nasce a tipologia psicológica que estuda precisamente as diferenças entre sistemas psíquicos distantes. Trata-se de um procedimento de investigação de carácter histórico-comparativo que tem por objectivo identificar o tipo psicológico a que determinado indivíduo pertence, e isto com base na correspondência dos seus modos de organizar o material psíquico com as características dos diferentes tipos historicamente seleccionados.

A classificação tipológica que Jung elabora cobre as múltiplas combinações das diferentes «atitudes» e das diferentes «funções» que compõem qualquer estrutura psíquica. Mas aquilo que interessa a Jung não é tanto a classificação daí resultante quanto a possibilidade de a aplicar ao processo de individuação. Assim, é necessário que o Eu tome consciência da atitude e das funções que se tornaram dominantes por se terem diferenciado, de modo a que possa confrontar-se com as funções inferiores da personalidade, que permaneceram indiferenciadas e arcaicas, integrando-as numa individualidade dinamicamente amadurecida.

Nesta perspectiva, Jung sugere que a psique é constituída por «dois tipos psicológicos»(33), em que cada um se desenvol-

(33) Com «extroversão-introversão», Jung indica a dupla orientação da transformação da libido nos seus processos de «progressão» e de «regressão». Considera que tais orientações, ao tornarem-se constantes, constituem dois «tipos de atitude» fundamentais: uma atitude orientada para o mundo externo, «tipo extrovertido», e a outra orientada para o mundo interno, «tipo introvertido». Juntando os dois tipos fundamentais de atitude com as quatro funções fundamentais, Jung cria o conjunto da sua tipologia psicológica. Os processos de «extroversão» e de «introversão» da libido, na qualidade de fluxo contínuo de energia de carácter hermenêutico-interpretativo, são analisados em ordem à questão central dos vínculos cognitivos e afectivos que se criam entre o homem e o mundo e que, portanto, vêm a constituir sujeito e determinado objecto. Quando se constitui uma destas duas formas interpretativas nasce um homem próximo

ve segundo quatro «funções psicológicas»[34]. Por isso, supõe uma constante e inevitável relação entre as «actividades de percepção» («sensação» e «intuição») e as «funções de abstracção» («sentimento» e «pensamento») e pressupõe que a «imaginação» é uma forma não específica das actividades psíquicas fundamentais com as quais se cruza continuamente. Por exemplo, os pensamentos tornam-se produtos daquilo que se passa

das coisas e distante de si mesmo, «atitude extrovertida», ou então, um homem próximo a si mesmo e distante das coisas, «atitude introvertida». Quando uma destas duas formas interpretativas se instala de maneira habitual, produz-se, a nível pessoal, um «aut-aut» entre as coisas e a própria pessoa, e, a nível interpessoal, uma oposição entre tipos psicológicos opostos. Nesta noção mantém-se a hipótese da libido, para além da atitude e do tipo que configura a nível consciente, continuar a trabalhar de maneira complementar a nível inconsciente. Portanto, Jung elabora uma meta-hipótese segundo a qual subsiste uma crítica que se dirige, constantemente a eventuais pressupostos dogmáticos da própria atitude e da própria tipologia.

(34) Com o termo «função», Jung indica uma operação ou actividade, sendo este, de resto, o significado mais recorrente tanto na linguagem científica como na linguagem comum. Neste sentido genérico, Jung diz, por exemplo, que a imaginação é uma função psíquica e que a imaginação criativa é uma outra forma de actividade psíquica de carácter unificador porque na sua direcção confluem cada uma das determinações activas da psique, conscientes ou inconscientes, individuais ou colectivas. Neste mesmo sentido, ele dirá que a «nutrição», a «sexualidade» e também a «religião» são actividades ou operações e não modificações passivas. Mas em sentido específico, pelo termo «funções» Jung indica quatro actividades psíquicas de tipo dinâmico que, por assim dizer, podem ser submetidas à educação. Em particular, considera que o «sentir» é uma função claramente diferente das bases pulsionais afectivas e dos movimentos da alma, sendo, por isso, capaz de desempenhar tarefas racionais; considera que o «pensar» é uma função estritamente em contacto com os afectos e os movimentos da alma. O «pensar», o «sentir», «percepção» e o «intuir» são as quatro formas de actividade psíquica e, como tal, «funções fundamentais». No contexto desta definição geral, o pensamento e o sentimento são as «funções racionais» porque versam sobre «juízos» racionais; a sensação e a intuição são «funções irracionais» porque não procedem mediante juízos, mas mediante «percepções», sendo por isso que se fala, respectivamente, de «percepção sensorial» e de «percepção intuitiva».

na psique do homem como ser que pensa e, ao mesmo tempo, sente e fantasia. Deste modo, o pensar, sempre integrado, mais ou menos de forma consciente, com o sentir, está constantemente envolvido por aquela tonalidade afectiva específica que perpassa toda a nossa existência.

No conjunto das várias elaborações conceptuais, a psicologia analítica acaba por privilegiar a abordagem tipológica e as funções psíquicas considerando-as unidades operacionais mínimas e não ulteriormente divisíveis, o lugar em que se dá o encontro individual entre externo e interno. Ao ocupar-se delas, Jung deixa de se concentrar na observação dos estímulos do mundo externo e nas respostas do homem ao mundo interno e passa a privilegiar o funcionamento psíquico mediante o qual os próprios objectos, o externo e o interno, são significativamente determinados para aquele homem.

Com a doutrina dos tipos e das funções, Jung liberta-se da psicologia tradicional e da psicologia das profundezas que não reflectem suficientemente sobre o problema da interpretação e das suas ligações com as operações psíquicas do intérprete.

O objecto da psicologia deixa de ser o facto interno e passa a ser a função ou a operação através da qual nascem os dois aspectos da organização da psique e do ambiente circundante. Simultaneamente, o método da psicologia deixa de ser introspectivo e passa a ser transferencial crítico. Consequentemente, a técnica da auto-observação interior perde importância e utiliza-se uma investigação psicológica que assume criticamente os modos da inferência das forças ou das operações psicológicas mais carregadas de tonalidade afectiva, evidenciando que as operações de inferência dizem respeito às funções psicológicas do próprio psicólogo e, portanto, às suas preferências ou idiossincrasias: às suas próprias funções mais ou menos «diferenciadas» ou desenvolvidas.

Por tudo isto, a tendência fundamental da psicologia deixa de ser a de decompor os factos psíquicos em elementos últimos ou nas suas diferentes combinações. Como a observação psicológica é a primeira a ser condicionada pelas funções de abstracção e percepção do observador e como, estas últimas, na observação, desempenham um papel finalista para além de causal, resulta que, pelo contrário, as funções psíquicas são elementos que, no seu conjunto, permitem uma complexa unidade de sentido do objecto observado.

8. Razão e paixões

Jung aprofunda o conceito de «razão» como guia autónomo do processo de conhecimento e da conduta humana na vida quotidiana. Nestas pesquisas, a razão é um dos complexos representativos da mente que, ao tornar-se atitude dominante, desempenha uma acção de distinção e ordenação dos objectos internos e externos no momento em que os assume na qualidade de «signos» que podem ser colectivamente partilhados. Por isso, a razão orienta a conduta humana em todos aqueles campos em que é possível indagar e pesquisar e, mais especificamente, é a atitude cuja «norma geral dá ao pensar, ao sentir e ao agir uma estrutura conforme aos valores objectivos». É a atitude psíquica que faz referência aos valores constituídos «através da média das experiências relativas aos factos psicológicos, tanto externos como internos». E precisamente por exprimir o conjunto das representações que se vão agrupando no tempo, até se tornarem comuns a todos os indivíduos, a razão é a faculdade mediante a qual se formulam os juízos «adequados» e «justos» sobre as chamadas «realidades de facto»[(35)].

Jung considera que a razão, ao querer predominar «sempre e em todas as circunstâncias» mediante sinais que coincidem com o real apenas «aqui e agora», deixa de ser função de adaptação e transforma-se num factor que a dificulta[(36)]. Jung explicita esta questão recorrendo à análise das características da razão, salientando que esta e os seus princípios não são puros e débeis, antes funções e instrumentos que, num modo quase hipostasiado, actuam no seio do processo afectivo e cognitivo que interpreta as coisas e as pessoas.

---

(35) Jung, *Tipi psicologici* (1921), cit., p. 474.

(36) Cf. Jung, *Energetica psichica* (1928) cit., p. 33.

Assim sendo, a razão é um evento «sígnico». Por isso, os conceitos, os princípios e as ideias que através dela perduram até se tornarem óbvios e evidentes são obra da interpretação. Por consequência, Jung fala de «razão simbólica» e desconfia, no plano teorético e histórico, das posturas ingenuamente «racionalistas» e «realistas»: ou seja, desconfia daquelas perspectivas que, de maneira acrítica, consideram os produtos da razão como elementos últimos e fundamentais, sem se aperceberem de que, na realidade, são efeito do procedimento interpretativo que as acompanha(37).

A razão também é evento psíquico e, como tal, efeito de uma perspectiva psicológica. Por isso, uma «postura» é «racional» em relação a determinantes psíquicas específicas activamente presentes em comportamentos específicos e procedimentos gnoseológicos ou práticos de determinado sujeito, individual e colectivo(38). Relativamente ao carácter extrapsíquico por vezes atribuído à razão, Jung afirma que é necessário suspeitar da «hipótese ingénua segundo a qual, graças [...] à razão, o homem pode, de certo modo, libertar-se do condicionamento psíquico e transferir-se para um estado suprapsíquico, racional»(39). Com esta nota, Jung pretende sublinhar a luta que se verifica entre elementos diferentes da psique e considera que esta luta pressupõe uma profunda identidade dos combatentes, reproduzindo incessantemente a distinção ou, também, a clivagem. Ao mesmo tempo, afirma que todas as instâncias psíquicas e, portanto, também as ditas irracionais, deixam de ser completamente obscuras.

A razão é, igualmente, evento relacional. De facto, a sua acção implica uma relação entre valores e conceitos e as próprias coisas, entre aquele homem e aquele mundo, que paralelamente se instalam a nível psíquico-representativo. A este propósito, Jung analisa o fenómeno da *hybris* da razão e,

(37) *Ibidem.*

(38) C.G. Jung, *La diagnosi psicologica del fatto in un processo in Assise* (1937), in *Opere*, vol. 2, t. 2, pp. 431-442.

(39) Jung, *Riflessioni teoriche sull'essenza della psiche* (1947/1954) cit., p. 180.

– relacionando-o com a noção de autonomia do complexo psíquico[40] –, interpreta a autonomia e o carácter directivo da razão sobre o mundo externo e sobre o mundo especificamente humano como expressão de um poder que a razão detém no seio da psique colectiva[41].

Por fim, a razão é um evento emotivo e participativo, tal como as paixões e por isso do inconsciente. Com efeito, a razão pode ser captada no seu envolvimento activo com o mundo dos instintos e dos desejos e, portanto, no *pathos* com que desempenha a função directiva. Do mesmo modo, nas manifestações do inconsciente podem ser captados os eventos comunicativos e informativos, embora segundo uma medida e uma lógica que divergem das da razão.

Com estas características, a razão é por execelência uma função discriminativa que constitui a universalidade, por isso o seu exercício é possível a partir das distinções já dadas e que ainda subsistem. Embora de maneira implícita, a teoria junguiana considera que a função da razão é a de criar diferenças e, simultaneamente, considera que é função do inconsciente criar identidade entre diferenças. Neste sentido, a função do inconsciente é abolir qualquer contradição e distinção e abolir também a singularidade de qualquer elemento. Na inércia da razão, as relações causais, as distinções e as distâncias espaciais ou temporais que ela produz sofrem uma inversão e tornam-se equivalentes. No inconsciente, todas as diferenças, distâncias e separações em curso na consciência invertem-se, desaparecem, fundem-se umas com as outras. Em contrapartida, é função da razão o autocontrolo das paixões, que consiste no progressivo deslocamento dinâmico do ponto central da psique, ou seja, na passagem de uma lógica integradora para uma lógica distintiva.

Por causa deste efeito da razão sobre o inconsciente, Jung considera que a acção das paixões restabelece e exaspera todas

---

[40] Cf. C.G. Jung, *L'importanza del padre nel destino dell'individuo* (1909/1949), in *Opere*, vol. 4, pp. 321-342, em particular p. 324.

[41] Cf. Jung, *Riflessioni teoriche sull'essenza della psiche* (1947/1954) cit., p. 245.

as distinções, diferenças e especificações anteriormente sedimentadas, as quais, dadas por óbvias, se tornam invisíveis, mas não menos activas nas nossas acções cognitivas e no nosso carácter.

9. A psicologia como perspectiva

As reflexões sobre os limites da psicanálise[(42)], a descrição tipológica e respectivo princípio da relatividade da concepção psíquica – que deixa, por sua vez, entrever a relativização da própria tipologia – dão origem à teoria junguiana do perspectivismo psicológico.

Para Jung, a realidade psíquica, a realidade *tout court*, pode ser interpretada segundo um ângulo visual específico. E a a psicologia, como tal, é um universo constituído por muitas psicologias, vivendo cada uma delas em função da óptica específica que a configura.

Aquilo que, antes de mais, se torna essencial é identificar a perspectiva segundo a qual se olha para o mundo e mediante a qual o mundo subsiste no horizonte humano. Por isso, na ciência psicológica, o princípio da «eliminação dos pressupostos» é substituído pelo princípio da identificação e da aceitação crítica dos respectivos vínculos e, antes de mais, do ângulo visual mediante o qual determinada teoria psicológica e respectiva prática nascem, permanecem e se transformam[(43)].

Jung aceita a psicologia como uma das perspectivas possíveis porque está preparado para lhe aplicar tudo quanto a

---

[(42)] Cf. Jung, *Sulla questione dei tipi psicologici* (1913) cit., pp. 502-511; Id., *La struttura dell'inconscio* (1916) cit.; Id., *La psicologia dei processi inconsci* (1917). Edição definitiva, *Psicologia dell'inconscio* (1943) cit.

[(43)] Cf. C.G: Jung, *Il contrasto tra Freud e Jung* (1929), in *Opere*, vol. 4, pp. 355-364; Id. *Princìpi di psicoterapia pratica* (1935), in *Opere*, vol.16, pp. 5-26; Id., *La funzione trascendente* (1957/1958, manuscrito de 1916), in *Opere*, vol. 8, pp. 79-106.

própria psicologia já observou a nível psicodinâmico na constituição e no funcionamento, do ponto de vista perspéctico que é o Eu psíquico. Como este último funciona, realmente, como um dos possíveis complexos que interagem na psique, do mesmo modo toda e qualquer psicologia subsiste ao saber tolerar outras psicologias. Ou seja, cada psicologia tem de saber suportar a tensão resultante do choque com as outras psicologias, reconhecendo-se como ponto de vista perspéctico e, portanto, como parte da pesquisa psicológica que se confronta com outras partes de igual dignidade.

No seu exercício teórico e clínico, a psicologia deverá ser capaz de realizar aquilo que no indivíduo acontece na mais banal e quotidiana mudança de perspectiva, que é conseguir ver as coisas de outra maneira, mediante uma transformação, amiúde dolorosa, que diz respeito não apenas à própria forma de olhar as coisas, mas também às representações – do si-mesmo e do mundo – que nesse horizonte se evidenciam.

10. Bases para um paradigma da complexidade: psicologia analítica e psicologia complexa

Ao criticar a abordagem cientista do racionalismo positivista, que visa a exclusão dos aspectos de descontinuidade e de contradição e dos aspectos de multiplicidade e casualidade – que com progressiva clareza se vão evidenciando na observação dos fenómenos psíquicos –, Jung cria as bases do paradigma da complexidade a utilizar em psicologia[44].

---

(44) Na elaboração da teoria da complexidade em psicologia, Jung faz referência, antes de mais, à teoria da relatividade e à física quântica que, ao assinalarem o fim do paradigma da simplicidade, salientam que o universo físico – que o nosso bom senso refere em termos de causalidade linear, de coisas distintas das funções, de objectos distintos dos sujeitos – representa apenas uma «passagem» entre duas complexidades: a microfísica, que implica o compromisso entre o observador e o objecto observado e a descontinuidade morfológica entre partículas como «ondas» e como «corpúsculos»; e a macro-cósmico-física, que reconduz a observação à posição perspéctica do observador e correlaciona as noções de espaço e de tempo, considerando-as interactivas.

«A inclinação para a exclusividade» baseia-se na «tendência monista que se agita, sempre e em todas as circunstâncias, à procura de um princípio único». Semelhante monismo «tem a virtude da simplicidade e o defeito da unilateralidade». Significa, por um lado, a exclusão da multiplicidade e da verdadeira riqueza da vida e do mundo, mas, por outro, consente a actuação dos ideais do nosso presente e do passado recente. Não implica, todavia, uma real possibilidade de progresso, puro e simples, do homem». Outra raiz da tendência monista «é sustentada pelo racionalismo, que, pela sua natureza, exclui sem pejo tudo aquilo que, julgado pela lógica do intelecto ou pela lógica do sentimento, se opõe ao seu modo de ver. [...] A psicologia terá de aceitar e reconhecer a existência de um pluralismo de princípios, mesmo que semelhante postura agrade pouco ao espírito científico»[(45)].

Tudo isto já Jung o afirmava em 1911, quando, ao definir a «analítica» como psicologia das relações entre a consciência e o inconsciente, reflectia sobre o método e sobre a verdade da psicanálise de que, juntamente com Freud, era o fundador. Com efeito, para Jung haverá psicologia analítica quando, no exercício da psicanálise, se for capaz de tecer uma multiplicidade de considerações.

Deste modo, convida a que se analise o conjunto dos saberes que vigoram em psicologia e o gesto originário do conhecimento que, identificando os fenómenos, os explica e torna tanto compreensíveis quanto previsíveis: a transparência da teoria com que se olha para cada caso individual é necessária, de modo que determinado evento não se eclipse pela presença opaca dos princípios gerais.

A este respeito, Jung sublinha que aquilo que a postura científica vê numa coisa está vinculado aos modos que a própria ciência utiliza para a representar. No fundo, a ciência encontra o que já conhece – e de que quer confirmação – e comunica-nos, precisamente, o seu ponto de vista. Por exemplo, como o seu postulado fundamental é a causalidade e,

---

(45) Jung, *La struttura dell'inconscio* (1916) cit., p. 292.

portanto, a explicação, o cientista considera que qualquer fenómeno psíquico é um derivado de algo e que, por isso, pode ser explicado. Mas fica por compreender, em virtude do princípio causal – que, no fundo, é um facto histórico e colectivo –, como é que a actividade mental pode ser avaliada a partir do exterior e a ela se possam substituir conceitos elementares segundo o princípio do «nada mais que». E fica também por saber de que modo e em que medida é que o sentido introduzido pela utilização do método redutor vai restringir, empobrecer e sacrificar a formação fantástica na abundância, na riqueza e na extra-racionalidade que a caracteriza: as elaborações delirantes, os sonhos, as filosofias, as próprias religiões elevadas a sistemas e, até, os pensamentos sobre o mundo e sobre o si-mesmo que o homem no quotidiano vai elaborando de forma sistemática são elementos que remetem para respostas que a ciência já deu. Em particular, o investigador psicológico, precisamente por pertencer a determinada escola, utiliza os seus paradigmas e vê certas coisas; repetindo as normas colectivas que, através do «espírito do tempo» estão em vigor nessa mesma escola:

> a questão é realmente difícil: menos difícil, penso eu, no que respeita ao aspecto intelectual e muito mais difícil, pelo contrário, no que concerne às resistências pessoais, isto é, subjectivas. Precisamente a respeito deste último aspecto, a psicanálise exige sacrifícios que mais nenhuma outra ciência pretende dos seus adeptos, ou seja, um autoconhecimento sem complacência. Nunca é demais repetir que a compreensão prática e teórica da psicologia analítica é uma função do autoconhecimento analítico. Onde o autoconhecimento fracassar, nenhuma psicanálise poderá desabrochar.(46)

Neste sentido, Jung apela a uma psicologia que saiba pôr-se ao serviço do que já se cohece. No que respeita ao que ainda não se conhece, a psicologia pode corajosamente permanecer

(46) C.G. Jung, *Recensione critica a Morton Prince, «Il meccanismo dell'interpretazione dei sogni»* (1911), in *Opere*, vol. 4, pp. 80-81.

no seio da questão, típica do processo do pensamento: na fantasia, no sonho e na construção delirante, aquilo que realmente sobra é um convite a pensar. E isto precisamente pelo ataque que determinado evento produz contra os nossos saberes gerais. A interpretação tem que se esforçar por tender para este novo conhecimento se não quiser ficar fechada de maneira solipsista, como acontece, por exemplo, na patologia mental. A mesma patologia não poupa a psicologia das profundezas que não se torna analítica: tanto é que, segundo o velho ditado «médico, cura-te a ti próprio», a psicanálise, assim que passa a designar-se «analítica», obriga, como acontecerá de seguida também no plano prático e institucional, a uma análise do próprio analista: «para poder praticar a psicanálise é necessário submeter os próprios conceitos éticos a total revisão [...]. São necessários grandes esforços, não somente intelectuais, mas sobretudo morais, para se apropriar do sentido do método, porque não se trata de um método médico, mas de algo "muito mais amplo"»[(47)].

Jung apresenta as intuições de 1911 com maior clareza nos estudos que fará por volta da década de trinta e, periodicamente, nas obras da sua maturidade, respeitantes aos problemas de natureza epistemológica. Por indicação de Toni Wolff, sua aluna – e, anteriormente, também aluna de Rickert –, Jung considera que a sua construção teórica e a sua abordagem clínica são «complexas». Por exemplo, em 1929, a observação psicológica é concebida na forma como remete para o processo de que faz parte, afirmando-se, por isso, o carácter inesgotável das possíveis descrições do objecto «psique»[(48)] e até se afirma, de maneira provocadora, que cada novo caso clínico implica uma teoria igualmente nova[(49)]. Em 1930, a psicologia é designada «complexa» porque uma psicologia «simplificada» evita

---

[(47)] *Ibidem*, p. 91.

[(48)] Cf. C.G. Jung, *I problemi della psicoterapia moderna* (1929), in *Opere*, vol. 16, pp. 61-86.

[(49)] Cf. C.G. Jung, *Fondamenti della psicologia analitica* (1935), in *Opere*, vol. 15, pp. 13-186.

o fenómeno da inclusão do sujeito no objecto indagado e a presença da psique em cada uma das psicologias[50]. De resto, em 1935, Jung fala de psicologia das «funções complexas», referindo que o estudo da psique comporta a construção e a utilização de paradigmas complexos que explicam as correlações duplas e invertidas entre as superestruturas do homem «social» e «cultural» e as estruturas elementares do homem «natural»[51].

Ao qualificar a psicologia como «complexa», Jung formula a hipótese de um pensamento psicológico capaz de acolher a dúvida, a experiência do limite e o papel de crítica radical. Segundo tal hipótese, qualquer conjectura relativa ao mundo psíquico implica uma autolimitação construtiva e, portanto, propõe e afirma a necessidade de uma inesgotável ou, pelo menos, ulterior investigação. Com isto, Jung não pretende criar uma nova psicologia nem, por isso, um novo saber a acrescentar aos existentes. Pelo contrário, pretende sublinhar que todo o saber e respectivas práticas devem ser repensados necessariamente. E assim, pretende explicar a presença originária da «psicologia» do observador em qualquer psicologia, porque esta só é descritiva na perspectiva do bom senso.

Por outro lado, a psicologia é complexa porque remete continuamente para o não dito ou para o não dizível, que ao constituir-se apenas pode excluir. Portanto, qualquer concepção da psique que não queira ser arbitrária e acrítica deve ser considerada complexa pois não pode deixar de perspectivar os próprios vínculos e, portanto, de reconhecer a sua parcialidade e historicidade[52].

---

[50] Cf. Prefácio a *W.M. Kranefeld, «La psicoanalisi»* (1930), cit., pp. 343-354, em particular p. 352.

[51] C.G. Jung, "Introduzione" a Ch.R. Aldrich, *Mente primitiva e civiltà moderna* (1931), Einaudi, Turim 1949, p. 15.

[52] Foi dito que tais condições podem ser «perspectivadas» porque, na realidade, não podem ser possuídas pelo psicólogo nem inseridas numa única psicologia ou, pelo menos, numa metapsicologia unitária e estática, mesmo que fosse relativista.

11. O sentido de verdade e o seu horizonte

Com a psicologia do conhecimento, Jung concentra a sua atenção nas relações entre os indivíduos e levanta o problema de como passar da verdade para o sentido de verdade, como passar das ideias abstractas para as certezas concretas, porque, fundamentalmente, é preciso questionarmo-nos sobre como é que algo pode ser «verdade» para uma pessoa.

A verdade é o sentido de validade e de eficácia que sentimos face aos efeitos dos nossos processos cognitivos. Por isso, a verdade está vinculada a qualquer coisa do mundo interno e externo, que, relativamente às práticas específicas de um sujeito, nasce na vertente representativa em que insistem os seus processos cognitivos; de modo que o sujeito, antes dos outros e independentemente deles, toma consciência de que está vinculado eticamente.

A verdade é o acontecer do sentido de verdade: não é uma coisa ou o modo em que a coisa está em si mesma, mas sim a captação dos modos em que a coisa se manifesta quando ocorre na nossa vida interpretativa.

Na psicologia é necessário recordar que «qualquer linha de vida construída de modo hermenêutico [...] é breve, já que a vida não segue linhas direitas, cujo decurso futuro não esteja já prefigurado. "Toda a verdade é curva", escreve Nietzsche. As linhas da vida nunca são, portanto, princípios ou ideais universalmente válidos, mas sim pontos de vista e posturas cuja validade é efémera»[(53)].

Nesta acepção, a verdade já não é a «voz mística que, de um mundo melhor, nos grita: eis a verdade», de que Husserl[(54)] já se tinha distanciado. Tem sobretudo a ver com a ideia de que nós estamos sempre dentro do mundo e jamais perante ele, e com a ideia de que uma coisa se fixa e se dá a ver com uma série de pressupostos de observação que nunca se devem

(53) Jung, *La struttura dell'inconscio* (1916) cit., p. 296.

(54) E. Husserl, *Ideen* (1913), Einaudi, Turim 1976, vol. I, § 145

descurar. De modo que aquilo que pensamos da coisa, da sua realidade e da sua verdade faz parte do mesmo mundo que se move connosco, produzindo-nos tanto a nós como à verdade que nos toca. Neste sentido, a verdade é o resultado do encontro de um sujeito e de um objecto – e, como tal, é uma descrição fiel – no «horizonte» da «acção» e do «acolhimento» que os dois reciprocamente realizam e sobre cujo juízo o primeiro dá «testemunho»(55).

A verdade está estreitamente ligada às paixões ou, melhor ainda, é uma paixão, ou mesmo a paixão do homem; é algo com forte tonalidade afectiva que apreendemos como autónomo mas que para viver necessita de nós: verdadeiro é tudo aquilo que nos diz verdadeiramente qualquer coisa: «A verdade não é eterna, é um programa. Quanto mais uma verdade for "eterna", menos vida e valor terá, já que, sendo inteligível por si, nada mais nos diz »(56).

A verdade é o acontecer de um sentido dominante que se constitui através e em simultâneo à interpretação igualmente dominante que se instala no processo cognitivo e afectivo. Com esta afirmação supera-se o critério de verdade como «relação de adequação» entre o conhecimento e a coisa, segundo o qual um conhecimento é verdadeiro porque se adapta ao objecto e lhe corresponde de maneira tal que reproduz a sua natureza ou essência. De resto, não há verdade sem um olhar que a veja, sem palavras, plenas, que a indiquem, sem seres humanos que a vivam. Neste sentido, estar na verdade é constitutivo da nossa existência: existimos realmente e por isso estamos plenamente presentes no mundo na medida em que formos capazes de frequentar amiúde a verdade e de nos deixarmos tocar por ela aceitando o risco de cair no erro. Tal como Jung tinha dito, há uma acção da verdade se quem a pronunciar assumir a responsabilidade dos possíveis erros e se as palavras que a enunciam

(55) Jung, *Il contrasto tra Freud e Jung* (1929) cit., p. 358.
(56) Jung, *Tipi psicologici* (1921) cit., p. 70.

forem capazes de remeter para outro, e mais outro ainda, como os códigos na sua transição simbólica[57].

De resto, a verdade implica o aparecimento das diferentes imagens daquilo que é verdadeiro e, portanto, daquilo que é válido e efectivo na vida de determinado homem e, igualmente, de determinado âmbito de pesquisa. Neste sentido, a verdade é aquilo que põe em acção: o pragmatismo é importante precisamente porque reconhece «o valor vital de uma verdade». «A verdade tem um valor circunscrito à sua eficácia e utilidade prática», mas, continua Jung, «o pragmatismo mostrou-se limitado ao ter prosseguido na «árida unilateralidade do conceptualismo inconsciente». Tudo isto, contudo, seria superado por Nietzsche, para quem a intuição não é inferior, mas superior ao intelecto[58], e também por Schiller, que «sente a fragilidade da razão e da verdade e exige, por isso, que a própria verdade se torne uma força»[59].

A verdade, substancialmente, é aquilo a que nós correspondemos com uma ética: que, de resto, é o único modo de estar realmente dentro da verdade e, portanto, de a exprimir nas nossas práticas. A verdade tem de ser assumida como o lugar em que habitamos e do qual estamos autorizados a falar aos outros e não deve ser vivida de maneira céptica nem relativista, qual acontecimento que, ao fazer parte do nosso caminho, é a sua condição essencial[60], e o nosso detalhado e limitado «programa», aquela «breve linha de vida», construída de maneira hermenêutica».

12. O diálogo de colaboração entre diferentes perspectivas

Jung não pretende liquidar o método analítico, mas tão somente limitá-lo.

---

[57] Cf. C.G. Jung, *Prefazione ai «Collected Papers on Analytical Psychology»* (1916/1917), in *Opere*, vol. 4, pp. 311-320, em particular pp. 3315 seg.

[58] Cf. Jung, *Tipi psicologici* (1921) cit., pp. 323-324.

[59] *Ibidem*, p. 88.

[60] *Ibidem*, pp. 355 seg.

Abandonada a ideia de uma objectividade absoluta, a psicologia analítica abre-se a modalidades que, actualmente, podemos designar por «conversação» entre diferentes perspectivas. E isto com o duplo objectivo de favorecer um confronto recíproco de diferentes dados de observação da mente e de alcançar resultados num certo sentido inéditos e provavelmente mais acertados. Propondo um debate que, até então, nunca fora proposto em psicologia, Jung esclarece que cada método, tal como cada teoria,

> baseia-se em determinados pressupostos psicológicos e produz determinados resultados psicológicos [...]. Era, portanto, natural que para simplificarem as coisas os expoentes de cada perspectiva psicológica considerassem errada a opinião dos outros; mas uma avaliação objectiva dos factos demonstra que a cada método e a cada teoria deve dar-se um certo crédito, já que contam não apenas com determinados sucessos, mas também com dados de facto psicológicos que provam amplamente os seus pressupostos[(61)].

E sublinha que a não aceitação deste facto e o desejo de alcançar rapidamente uma homogeneidade epistemológica podem levar, em nome de um ciência abstracta, a abandonar a hipótese do psíquico e todo o âmbito psicológico, abolindo-o como âmbito científico.

> Comparada às outras ciências naturais a psicologia encontra-se [...] numa situação crítica, já que lhe falta uma base situada fora do seu objecto. Não pode traduzir-se ou representar-se a si mesma. Quanto mais alarga o campo dos seus objectivos, mais estes se tornam complexos e mais lhe falta um ponto de vista distinto do seu objecto. E quando a complexidade atinge a própria complexidade do homem empírico, a psicologia desemboca inevitavelmente no próprio processo psíquico. Deixa de ser capaz de se distinguir dele, mas torna-se no próprio processo. O efeito é o seguinte: o processo alcança a consciência [...] e a psicologia é o «fazer-se

(61) Jung, *Principi di psicoterapia pratica* (1935) cit., pp. 7 seg.

da consciência» do processo psíquico, mas [...] não é uma explicação de tal processo, porque cada explicação do facto psíquico só pode ser o próprio processo vital da psique. A psicologia deve abolir-se como ciência e, precisamente, ao abolir-se alcança o seu objectivo científico?[(62)].

Por isso, aquilo que se deve fazer é enfraquecer qualquer asserção em psicologia, assumir criticamente o conceito de psique e evidenciar a complexidade e o carácter multiforme da investigação psicológica, introduzindo, antes de mais, o uso do «paradoxo» e sublinhando o carácter inevitável de uma série de «antinomias epistemológicas».

A partir de 1921, Jung considera paradoxal a relação existente entre o sistema estável das crenças e dos princípios (a consciência) e a constante contradição daquilo que habitualmente se considera óbvio (o inconsciente). E considera igualmente paradoxal o resultado da psicologia das profundezas coerentemente assumida no duplo registo de discurso da psique e de discurso sobre a psique.

No plano da psicologia é igualmente paradoxal o facto de, em contraste com o que se considera óbvio relativamente às proposições científicas, «subsistirem, uma a par da outra, muitas teorias sobre o mesmo processo»[(63)]. Mas «qualquer coisa que nos esforcemos por sondar com o nosso intelecto há-de desembocar no paradoxo [...] já que, de modo diferente de qualquer outra teoria pertinente às ciências naturais, o objecto da explicação é, em psicologia, de natureza igual à do sujeito: um processo psicológico tem de explicar um outro processo»[(64)].

O paradoxo da existência de várias explicações contraditórias em psicologia coloca-se nos seguintes termos: na investigação psicológica é preferível um resultado paradoxal, mesmo

---

(61) Jung, *Princìpi di psicoterapia pratica* (1935) cit., pp. 7 seg.

(62) Jung, *Riflessioni teoriche sull'essenza della psiche* (19747/1954) cit., p. 188.

(63) Jung, *Tipi psicologici* (1921) cit. p. 499.

(64) *Ibidem*, p. 500.

que possa parecer antiestético e incómodo; porque é verdade que, assim, se contradiz a expectativa daqueles que querem atribuir à psique uma única e simples verdade, mas não se desrespeita a honestidade da investigação e das exigências radicais do pensamento[65].

Com Jung, que assume a psique simultaneamente como objecto e como sujeito, a psicologia não pode deixar de se vincular à parcialidade, porque os resultados que obtém são sempre «secundários» – relativamente a qualquer coisa que nunca é explicável em si – e jamais exaustivos, uma vez que são sempre «penúltimos» relativamente à totalidade. Apesar disso, a psicologia pode sempre experimentar a totalidade através da «ideia de um ser paradoxal», cuja configuração se torna disponível no diálogo de colaboração entre perspectivas divergentes e, por vezes, opostas. Ou seja, geralmente, através de procedimentos intelectuais de tipo antinómico e, portanto, mediante um «conflito de leis» – precisamente, as antinomias –, feito de enunciados cuja afirmação e negação, ambos igualmente demonstráveis, implicam uma contradição inelutável e, ao mesmo tempo, insuperável. E, em particular, mediante procedimentos contraditórios que chegam a conclusões do tipo «A *e* não-A», em que não há escolha entre os elementos diferentes e contrapostos.

Deste modo, a psicologia jamais negará a abordagem científica, mas apenas toda e qualquer forma de reducionismo cientista ingénuo. Por outras palavras, a psicologia não interroga a psique em si mesma mediante saberes igualmente fechados, mas desafia o limite em que nos encontramos inteiramente co-implicados. Qualquer paradigma psicológico – como repetirá em 1934 – é hipotético e, em simultâneo, consciente da intersubjectividade que o disponibiliza e a que se propõe. Mas por isso mesmo, a psicologia é um sistema que, ao rejeitar uma clausura dogmática, mantém vivo o debate com a perspectiva que lhe deu origem e com as outras perspectivas. De modo que

---

[65] *Ibidem*, p. 500 e seg.

a investigação psicológica assume um carácter associado, o qual, não estando de antemão estabelecido, é efeito de um processo configurado e mantido por vários investigadores e por diferentes objectos investigados. A psicologia é uma conversação – no sentido de «encontrar-se para dialogar» –, e por isso exige que o psicólogo se defina a si mesmo e, simultaneamente, se abra ao outro[(66)].

13. O carácter dialógico da psicoterapia

O conceito de «diálogo», já divulgado na teoria dos complexos, na teoria dos tipos, na noção de psique e na noção de psicologia, chega à psicoterapia – que na versão mais actualizada está ligada à doutrina do símbolo – através do conceito de função transcendente, explicitando-a como troca simbólica e comunicação entre uma pessoa e outra.

Para Jung, a psicoterapia é regulada pela reciprocidade do encontro[(67)], é o «horizonte» em que analista e paciente, igualmente implicados numa interacção tendencialmente paritária[(68)], se põem à procura do sentido. Esta busca do sentido inclui a heurística do erro[(69)] e o método do não saber, ou melhor, o método do não saber demasiado[(70)]. Tudo isto tendo em conta o facto de que o diálogo é a capacidade que o homem possui de viver em relação consigo mesmo e com o mundo e que tanto o homem como o mundo existem realmente na medida em que estão em relação entre si.

---

(66) Cf. C.G. Jung, *Considerazioni generali sulla teoria dei complessi* (1934), in *Opere*, vol. 8, pp. 107-122, em particular p. 119.

(67) Cf. Jung, *I problemi della psicoterapia moderna* (1929) cit., em particular p. 80.

(68) *Ibidem*, pp. 81, 83; mas também C.G. Jung, *Questioni fondamentali di psicoterapia* (1951), in *Opere* vol. 16, pp. 135-148, p. 147.

(69) Cf. Jung, *Principi di psicoterapia pratica* (1935) cit., p. 12.

(70) Cf. C.G. Jung, *Medicina e psicoterapia* (1945), in *Opere*, vol. 16, pp. 95-104, em particular pp. 98 e seg.

Para a maior parte destas teorizações, que vão desde 1921 até 1945 e persistem nos últimos escritos, o diálogo, de facto, é o modo fundamental com que a psique se exprime e, portanto, o modo a privilegiar, porque só nesse momento os interlocutores continuam a confrontar-se, mesmo que não se tenham escolhido um ao outro[(71)]. Consequentemente, a psicoterapia é efeito de um processo em que coexistem vários elementos e em que se debate a tese dos outros pondo a nossa em discussão.

Para Jung, o diálogo é um princípio basilar. O princípio do diálogo reforça a ideia de que qualquer saber individual e colectivo está vinculado à perspectiva que o criou e é constitutivo da mesma. Deste modo, a psicologia analítica renuncia a uma epistemologia de tipo absolutista ou relativista e renuncia, igualmente, à invocação abstracta do princípio da tolerância, que, como tal, tende a abolir qualquer discurso, qualquer conversação, num festim de bons sentimentos. O princípio dialógico, pelo contrário, faz com que a psicoterapia e a psicologia se assemelhem a um rito de tipo sacrificial em que aquilo que se sacrifica é o carácter absoluto do homem, convidando-o a percepcionar-se como participante: uma dolorosa aquisição psicológica que permite experimentar e, portanto, descrever, a constituição de alguém ou de algo que, evidenciando-se como «parte» e já não como «todo», se descobre realmente como existente no momento em que se relaciona com o outro.

Na literatura junguiana são numerosas e variadas as argumentações que, de um modo algo sincrético, conduzem a uma autêntica «psicologia dialógica», em que o diálogo é concebido em modos e características diferentes que até agora foram expostas de maneira sumária. Jung apela à liberdade de dissensão, e não ao consenso comum, para demonstrar a exigência de uma aceitação do «outro» como requisito prévio ao diálogo entre homens e culturas diferentes, que queira conduzir não tanto à pacificação total de uns e outros quanto à possibilidade

[(71)] Cfr. Jung, *Considerazioni generali sulla teoria dei complessi* (1934) cit., p. 119.

de cada qual, antes de mais, compreender a própria diferença[72]. De resto, a compreensão da própria diferença exige, em paralelo, a compreensão do outro[73].

Tal ocorre tanto nas relações interpsíquicas como nas intrapsíquicas, uma vez que «ao não aceitar o outro, o homem não reconhece o direito à existência ao "outro" que nele habita»[74].

Jung considera que o argumento do «confronto» entre elementos diferentes e da «confutação» recíproca são uma propedêutica da investigação científica em psicologia. Com o primeiro, Jung afirma que somente através do diálogo se podem clarificar, reciprocamente, os diferentes elementos psíquicos procurados, a nível clínico e teórico, evidenciando as suas peculiaridades específicas. Com o segundo, invoca um método que tem raízes no pensamento antigo e que consiste em tirar da sombra a contradição a que conduz qualquer asserção forte, permitindo libertar o investigador da presunção de «saber demasiado». Esta dupla argumentação permite a constituição de dois interlocutores distintos e a sua verdadeira interlocução. No diálogo psíquico estrutura-se o procedimento do confronto, isto é, o acto de considerar duas coisas ao mesmo tempo, avaliando semelhanças e diferenças e, simultaneamente, estrutura-se o procedimento da confrontação, em que, fazendo luz sobre aquele *quid* de sombra que cada asserção forte da consciência produz, permite libertar o inconsciente do seu estatuto de «saber absoluto»[75]. Deste modo, o diálogo é descrito como a «alternância dos argumentos e dos efeitos»[76] e, qual expressão da «confutação recíproca», é considerado responsável pela função transcendente, ou seja, pela tensão dos signos opostos entre si de modo diverso, que activa o «símbolo vivo», na sua

[72] Cf. Jung, *La funzione trascendente* (1957/1958), manuscrito de 1916) cit., p. 104.

[73] *Ibidem.*

[74] *Ibidem.*

[75] *Ibidem.*

[76] *Ibidem*, p. 105.

acepção de algo que faz funcionar realmente os próprios «signos».

O terceiro argumento que Jung considera fundamental é o da «legitimação recíproca». Utilizando uma imagem, pode dizer-se que este princípio é uma «linha de fronteira» ao longo da qual duas verdades se enfrentam porque os seus «limites» podem coincidir, evidenciando o carácter de «pontos de vista perspécticos». Para Jung, o diálogo, tanto o interior como o exterior, é, de facto, imagem do verdadeiro confronto entre elementos variadamente distintos; um dos modos em que se evidenciam as diferentes verdades intrapsíquicas ou interpsíquicas(77).

Deste modo, o diálogo entre observador e objectos observados é fundamento de qualquer teoria psicológica e expressão dos complexos específicos que constituem o psíquico. Precisamente por isso, o diálogo psicoterapêutico caracteriza-se pela mútua abertura dos intervenientes, pela confiança recíproca e pelo reconhecimento de cada um através do outro. E por nascer num semelhante contexto, a interpretação perde o carácter primário e último: a interpretação é verdadeira não enquanto dado naturalista, mas sim enquanto implicação do sujeito que interpreta e que, portanto, participa no jogo dialógico das interpretações. Neste sentido, uma interpretação, mesmo não estando na área da verdade objectiva, constitui-se de modo igualmente verdadeiro ao colocar-se como autolimitação e simultânea abertura para ulteriores interpretações. Uma vez que a interpretação se realiza no diálogo, é precisamente no seu interior que se pode captar a «pré-compreensão» que a torna possível e, portanto, os «esquemas» e os «modelos» que a originam. No jogo dialógico, que permite a dúvida e a crítica, os próprios esquemas e modelos já não sufocam a experiência do novo e do absolutamente incompreensível e mostram-se como possíveis entendimentos do mundo psíquico que, entretanto, subsistem como «pontos de vista».

(77) *Ibidem.*

IV. Como a necessidade de saturação de sentido permite uma tarefa infinita

1. O inconsciente colectivo e os seus arquétipos

O inconsciente junguiano não é exclusivamente constituído por experiências, vividas e depois esquecidas, de nós como seres individuais, mas também por um património psíquico de nós enquanto seres colectivos. O psíquico assume, portanto, uma estratificação complexa em que a consciência também é relacionada com o «inconsciente colectivo». Este distingue-se do «inconsciente pessoal» porque,

> enquanto o inconsciente pessoal é essencialmente formado por conteúdos que anteriormente tinham sido conscientes, mas depois desapareceram da consciência porque foram esquecidos ou removidos, os conteúdos do inconsciente colectivo nunca estiveram na consciência e, por isso, nunca foram adquiridos individualmente, mas devem a sua existência exclusivamente à hereditariedade. O inconsciente pessoal é composto sobretudo por «complexos»; o conteúdo do inconsciente colectivo, pelo contrário, é essencialmente formado por «arquétipos»[1].

---

[1] C.G. Jung, *Il concetto di inconscio collettivo* (1936), in *Opere*, vol. 9, t. 1, p. 43.

Deste modo, Jung empreende uma investigação sobre os múltiplos temas do sistema psíquico profundo. Semelhante pesquisa leva-o a introduzir na psicologia o termo «arquétipo», que foi buscar à filosofia[(2)], em particular a Platão, que, como diz o próprio Jung, «foi o primeiro a pôr num lugar celeste as ideias de todas as coisas», ou seja, aqueles modelos originários, ou *Urbilden*, que foram considerados «mais reais do que as próprias coisas»[(3)].

Os arquétipos psicológicos, essencialmente, são as formas típicas dos nossos modos de pensar e agir e as inatas possibilidades de representação que presidem à nossa actividade imaginativa:

> Para os nossos fins – escreve Jung – [semelhante noção] é pertinente e útil porque nos diz que, no que respeita aos conteúdos do inconsciente colectivo, estamos perante tipos arcaicos, ou melhor, tipos ainda primordiais, isto é, imagens universais presentes desde os tempos remotos. A expressão *représentations collectives*, que Lévy-Bruehl utiliza para designar as figuras simbólicas das visões do mundo primitivas, também pode ser utilizada sem dificuldade em relação aos conteúdos inconscientes, dado que significa quase a mesma coisa[(4)].

Ao remeter os fenómenos psíquicos veiculados pelos sonhos, pelas fantasias e pelos delírios para o âmbito das formas típicas fundamentais, Jung apresenta uma versão fenomenológica dos arquétipos enquanto «factores de organização [das representações] que existem *a priori* à maneira dos modelos funcionais inatos que no seu conjunto constituem a natureza

---

(2) Cf. C.G. Jung, *Tipi psicologici* (1921), in *Opere*, vol. 6, em particular pp. 306 e seg., 405. Mas cf. também o ensaio que se lhe seguiu muito mais tarde *Gli aspetti psicologici dell'archetipo della madre* (1938/1954), in *Opere*, vol. 9, t. 1, p. 43.

(3) C.G. Jung, *Il significato della psicologia per i tempi moderni* (1934/1954), in *Opere*, vol. 10, t. 1, p. 4.

(4) C.G. Jung, *Gli archetipi dell'inconscio collettivo* (1934/1954), in *Opere*, vol. 9, t. 1, p. 4.

humana», lá onde o apriorismo é idêntico ao facto de que «o pintainho não aprendeu a sair do ovo; possui esse conhecimento *a priori*»[5]. Os arquétipos, precisamente por «ordenarem a experiência», não implicam a hereditariedade de experiência de cada um de nós; são, isso sim, «as possibilidades herdadas de representações». Sendo factores que se afirmaram progressivamente com base nas experiências acumuladas na ascendência genealógica, negar a hereditariedade destes factores seria equivalente a negar a hereditariedade do cérebro. Quem a nega deveria afirmar, para ser lógico, que a criança vem ao mundo com um cérebro de macaco. Mas como nasce com um cérebro *humano*, mais tarde ou mais cedo este cérebro começará a funcionar de *maneira humana*[6].

Esta versão, que se manteve até à última fase de Jung, cruza-se constantemente com uma versão fundamentalmente mitológica, segundo a qual os arquétipos se transformam de formas *a priori*, que organizam a experiência de maneira humana, em «instintos fornecidos por uma energia específica» que uma vez descurada pode «produzir uma inflação do Eu». Por isso, em relação aos arquétipos é oportuno cultivar «um temor sapiente, uma *deidaimonia* que nunca perca de vista o seu significado»[7].

E, neste sentido, Jung afirma que os arquétipos «são criados com o material primordial da revelação e representam a sempiterna experiência da divindade, de que sempre manifestaram ao homem o pressentimento, protegendo-o simultaneamente do contacto directo com ela»[8].

É frequente utilizar tal noção para indicar genericamente a teoria de Jung, embora esta represente a parte mais controversa do seu pensamento. Na realidade, Jung dedica à construção da noção de «arquétipo» como modelo das invariantes universais da imaginação humana quase todos os mais importantes escri-

(6) C.G. Jung, *Energetica psichica* (1928), in *Opere*, vol. 8, p. 62.
(7) C.G. Jung, *Riflessioni teoriche sull'essenza della psiche* (1947/1954), in *Opere*, vol. 8, pp. 236 e segs.
(8) Jung, *Gli archetipi dell'inconscio collettivo* (1934/1954) cit., p.8.

tos da maturidade[9]. Nestes escritos é evidente a aspiração que conduzirá Jung a construir uma *psichologia perennis* e, portanto, uma psicologia *sine tempore*. Aspiração essa já presente na primeira redacção de *Símbolos de Transformação*[10] quando defende que na psique se evidenciam «imagens» e «disposições para as imagens» com carácter imutável, universal e imperecível.

Com efeito, nalguns aspectos esta perspectiva contrasta com a teoria dos complexos; mas por outro lado, representa uma transformação desta segundo uma directiva em parte platónica e em parte kantiana. De resto, o pensamento de Jung afirma progressivamente a «teoria dos complexos» e chega a formular a hipótese da natureza «arquetípica» de qualquer complexo. Porém, não nega a formação do complexo através da experiência concreta e o impacto problemático do indivíduo com os outros indivíduos. Pelo contrário, concebe a formação do complexo como resultado da actividade de um *a priori* arquetípico.

De qualquer modo, resta dizer que, para Jung, a *psychologia universalis* pode ser alcançada – como melhor se verá seguidamente – apenas mediante aproximações parciais ou mediante imagens de totalidade não hierárquica que se dão no seio do próprio processo simbólico[11] e por isso sempre passíveis de criticamente poderem remeter para o próprio processo psíquico[12].

---

(9) C.G. Jung, *L'io e l'inconscio* (1928), in *Opere*, vol. 7; Id., *Energetica psichica* (1928) cit.; Id., *Psicologia dei processi inconsci* (1917). Edição definitiva, *Psicologia dell'inconscio* (1943), in *Opere*, vol. 7; Id., *Aion: ricerche sul simbolismo del Sé* (1951), in *Opere*, vol. 9, t. 2; Id., *Gli archetipi dell'inconscio collettivo* (1934/1954) cit.

(10) Jung, *Trasformazioni e simboli della libido* (1912). Edição definitiva, *Simboli della trasformazione* (1952) cit.

(11) Jung, *Riflessioni teoriche sull'essenza della psiche* (1947/1954) cit.

(12) *Ibidem*, em particular p. 235.

2. *O núcleo antimetapsicológico*

Apesar do processo de relativização que efectua sobre a consciência e sobre a realidade psíquica, com as noções de arquétipo e de inconsciente colectivo Jung manifesta a necessidade de se alcançar a totalidade do facto psíquico, que, noutro plano, é a necessidade de saturação de sentido que se manifesta no homem com uma emoção que o abre à tarefa de se descobrir a si mesmo e ao seu mundo.

Mas como admite que a tarefa de descobrir a fonte de sentido é interminável e que o fundamento último e essencial dos fenómenos psíquicos é intrinsecamente indizível, Jung considera que semelhante tarefa e semelhante meta atraem apenas as nossas fantasias e os nossos sonhos, porque, ajuizadamente os grupos de certos saberes, e com eles a consciência, estão proibidos de alcançá-las, embora mantenham viva, no seu seio, a exigência de ulterioridade.

Com efeito, a psicologia analítica procura o fundo psíquico sobre o qual a consciência vive e se desenvolve produzindo efeitos sobre os diversos planos; e, deste modo, identifica os arquétipos como estruturas fundamentais que dão vida ao imaginário mais propriamente humano. Mas admite explicitamente que a psicologia só os pode alcançar mediante procedimentos que tenham em conta os limites que configuram: «O conhecimento humano deve contentar-se em criar modelos verosímeis correspondentes ao provável. Fazer mais do que isto é temerário e manifesta falta de inteligência»[13].

É por este mesmo motivo que a religião delimita concretamente a área do sagrado. O divino – e, por isso, o numinoso –, circunda-se de uma robusta cintura de anteparos e resguardos e os fiéis, perante ele que é invisível, baixam o olhar e ajoelham-se. No fundo, é por esta mesma razão que a filosofia, – pelo menos a que se inspira nos modelos da ciência –, afirma

[13] C.G. Jung, *La conscienza morale dal punto di vista psicologico* (1958), in *Opere*, vol. 10, t. 2, p. 308.

o carácter indiscutível da noção de «coisa em si» e, portanto, o carácter incognoscível da ideia suprema. Exemplo disso é Platão, que, na *República*, diz que não se pode olhar durante muito tempo para o sol que tudo ilumina, ou Plotino, que evidencia a inefabilidade do Uno, ou, ainda, Kant, que fala do respeito da razão do sujeito pela razão majestosa e sublime, porque sem a devida distância pode cegar-nos.

A constatação de uma superabundância de sentido e a necessidade de saturação de sentido, expressos pela investigação arquetipológica junguiana, permitem a pesquisa da luminosidade do sentido, uma pesquisa feita de descodificação de fragmentos dispersos, integração de lacunas, reformulação, de maneira serial e virtualmente finita, de questões que sofrendo metamorfoses contínuas apresentam sempre dados novos e diferentes.

A pesquisa das formas do imaginário colectivo só é frutuosa se souber submeter-se constantemente a uma severa disciplina histórico-cultural: nestas duas formas o palimpsesto perceptivo e mental que regista o enfraquecimento das conjecturas, dos arrependimentos e dos retoques deve valer apenas no seu conjunto. Cada estrato de elaboração do problema assume igual dignidade apenas quando o processo é captado na sua totalidade incompleta, porque somente um processo nunca definitivamente arquivado e, portanto, sempre retomado e reaberto, pode fazer justiça a semelhantes interrogações e, simultaneamente, iluminar o sentido como direcção e, portanto, como *telos*.

O termo metapsicologia, como Jung reconhece na sua investigação dos arquétipos, pertence a um vocabulário anterior à crítica dirigida a todo e qualquer pensamento que pretenda fazer um uso metafísico da noção de «totalidade». Quem quiser adoptar esta perspectiva deve recordar-se que o «todo» é sempre pronunciado por uma «parte», uma vez que nunca se pode sair da «parcialidade». O núcleo que as psicologias procuram é, sobretudo, um *tertium* desconhecido e ignoto que está acima das partes e que envolve os acontecimentos e, portanto, cada aspecto da existência humana.

É necessário que o pensamento psicológico, nas suas pesquisas, deixe de olhar para o que está à sua frente e passe a olhar para os lados, para trás e para cima e, depois, para dentro de si próprio.

Os arquétipos da imaginação mental, por serem propriamente aquilo que é outro, não são mais do que o fundo da consciência: as antinomias, o paradoxo, a ambiguidade, a possibilidade que cada termo e cada pensamento têm de se transformar no seu contrário. E dado que aquilo que é outro é um fundo, os arquétipos são nenhuma coisa, nenhum ente, nenhum indivíduo, nenhuma presença. Pelo contrário, são a experiência que fazemos da distância desesperada que nos separa das suas imagens.

A vida, a morte e todos os grandes temas arquetípicos – e respectivos pares de opostos – não são essências rígidas, mas jogos de diferenças que, alternando-se nas vicissitudes da existência, dão-nos matéria para pensar. O inconsciente pessoal e o inconsciente colectivo, com as características que os seus registos denunciam, são conjuntos de múltiplas imagens que se dão no seio do processo de individuação e, por outro lado, são tudo aquilo que acontece no indivíduo e, portanto, aquilo que a vida propõe em momentos específicos do mesmo indivíduo. Nós não somos objecto, *tout court*, de entidades suprapessoais e a-históricas ou a estruturas físico-naturais; pelo contrário, experimentamos imagens arquetípicas que são vida que nos ultrapassa enquanto a vivemos.

Neste sentido, o inconsciente, antes de ser parte já conhecida e depois eliminada e antes de ser parte ainda não conhecida mas já pensada e sentida, é aquilo que vulgarmente antecipa a consciência, e antecipa-a, precisamente, no desenrolar da nossa vida. E é por isso que esta voz do inconsciente não pode ser de antemão estabelecida pela linguagem de um código de determinada escola de psicologia das profundezas. E é por isso que a nossa ética é auscultação de uma voz que, no seu carácter pré-verbal, nos restitui uma vida autêntica: cruza sempre a nossa vida presente com aquilo que sensorial e afectivamente se dá como nossa história antiga ou como horizonte do nosso futuro.

Por outras palavras, nós existimos realmente quando as nossas construções conceptuais, não desfazendo vínculos e ligações com o processo que as constitui e, portanto, com a mesma dinâmica do nosso corpo, se manifestam como um falar sobre nós próprios no seio da nossa vida: o psíquico é, antes de mais, um fluxo sensorial e afectivo que – implicando-nos como mente, intelecto ou alma racional e como corpo vivido – não se esgota num sistema de significações já adquiridas mas torna-se património de coisas e ideias que precisam de ser percepcionadas, escutadas e ditas.

Quando formula a hipótese do inconsciente colectivo e a noção correlativa de imagens arquetípicas como sistemas a partir dos quais a nossa consciência entra em acção, Jung, de facto, não considera o psíquico um objecto subordinado às faculdades intelectuais do homem e controlável pela psicologia com os seus saberes prognósticos e respectivas organizações técnico-formais. Jung, pelo contrário, indica que o psíquico desabrocha num horizonte pré-verbal e que cada homem, no decorrer da sua existência, acompanha esta evolução diferenciada articulando-a em imagens, símbolos e palavras.

O que é o mesmo que sugerir que a vida se dá a imaginar, a sentir e a dizer, de todas as vezes que acontece um efeito imprevisível de choque entre o homem e o mundo, do qual, por consequência, um e outro saem transformados, antes de mais reconhecendo-se por aquilo que de facto são.

É por esta razão que a psicologia não pode deixar de assumir como objecto os fenómenos psíquicos «visionários» que antecedem os actos intelectuais. Mas fá-lo considerando-os metáforas e imagens que entretanto se articulam, cruzando-se, depois, num modo inextricável, com os próprios actos intelectuais; sabendo que a sua imposição técnica cristalizá-los-á em objectos naturais *tout court*.

3. A psique como sistema descentrado

Para a psicologia analítica o «Si-mesmo», em redor do qual gira o Eu, é o centro potencial do psíquico[14]. Contudo, o «Si-

[14] Segundo Jung, estes dois centros coincidem apenas nos casos de inflação psíquica.

-mesmo também é o perímetro que, simultaneamente, abraça a consciência e o inconsciente; é o centro desta totalidade, tal como é o centro da mente consciente»[(15)].

Para a psicologia analítica o «centro» é uma imagem plena, total e global, que o processo psíquico de individuação activa a partir da sensação de parcialidade e não plenitude vivida pela consciência: é essencialmente uma imagem sem espaço e sem tempo que nasce da função psíquica transcendente e provoca a renovação da personalidade e a inovação do conhecimento.

Neste sentido, para a psicologia analítica, a psique é um sistema centrado em relação ao Si-mesmo e descentrado em relação ao Eu; ou seja, partindo da hipótese do inconsciente, Jung põe em crise o paradigma centrista dos psicólogos da consciência e introduz um paradigma descentrado que concebe a psique como rede de múltiplos componentes em contínua composição e decomposição.

A utilização deste paradigma – explicitamente na teoria do «Si-mesmo» e *in nuce* na teoria dos «complexos» – permite a Jung tornar «local» quer a inteligência dos diferentes componentes do sistema psíquico, quer a informação de que dispõem, mas também lhe permite enfrentar de modo novo o problema das relações de determinada parte com a que lhe é contígua e com o conjunto global das várias partes.

Deste modo, Jung sublinha que cada componente do sistema psíquico dispõe localmente de uma certa inteligência e move-se em função de um *quid* de informação. Por isso, cada componente do sistema psíquico submete-se à situação global, embora não a conheça nem seja capaz de determinar a sua posição.

Mas, então, como é que o Eu, que é o complexo das representações da consciência – e está descentrado em relação aos outros complexos –, pode ser coerente com o conjunto das instâncias psicológicas? A resposta está na formulação de uma psicologia complexa que, abolindo o paradigma centrista, su-

---

(15) C.G. Jung, *Psicologia e alchimia* (1944), in *Opere*, vol. 12, p. 144.

(16) Cf. *ibidem*, em particular p. 217.

blinha que a consciência não conhece o centro, mas converte-o em experiência[16].

Na investigação clínica[17] e nas pesquisas comparadas de tipo histórico, filosófico, religioso e antropológico[18] que propõem de novo as imagens do centro como elemento em redor do qual se agregam e se desdobram outros elementos, dá-se um aprofundamento da questão já referida: a partir do momento em que os componentes psíquicos não estão hierarquicamente organizados e agem em função dos seus significados parciais, em que medida é que a psique é capaz de comportamentos que tenham em conta aquele todo de que é composta? Ou seja, como é que o Eu – que é interior à psique e dotado de uma visão «local» –, não querendo correr o risco do egocentrismo ou da clivagem e, muito menos, o de ser vítima de uma inflação, consegue manter uma visão parcial e simultaneamente adquirir uma visão «global» e, portanto, representar o Si-mesmo?

A este respeito, na teoria do processo simbólico-individuativo[19], a resposta de Jung desdobra-se em vários pontos: existe o Eu e existe o Si-mesmo; o Eu alcança processualmente uma visão global assumindo a parcialidade da sua visão; o Eu descobre-se tanto mais centro da consciência quanto mais se descentra e descobre o não-Eu; configura-se um centro da personalidade total em redor do qual o Eu gira juntamente com o não-Eu.

No seio desta teoria, a totalidade psíquica é um conjunto orgânico que ordena as múltiplas partes de que é composto.

(16) Cf. *ibidem*, em particular p. 217.

(17) Cf. Jung, *Tipi psicologici* (1921) cit., pp. 1-412, em particular pp. 174, 183 e segs.; Id., *Sul rinascere* (1940/1950), in *Opere*, vol. 9, t. 1, pp. 109-142, em particular pp. 131-138.

(18) Cf. C.G. Jung, *Commento al «Segreto del fiore d«oro»* (1929/1957), in *Opere*, vol. 13, pp. 15-64; Id., *Psicologia e alchimia* (1944) cit.; Id., *L'albero filosofico* (1945/1954), in *Opere*, vol. 13, pp. 277-368; Id., *Prefazione a «I Ching»* (1950), in *Opere*, vol. 11, pp. 594-612; Id., *Aion: ricerche sul simbolismo de Sé* (1951) cit.

(19) Cf. C.G. *Jung, Empiria del processo d'individuazione* (1933/1950), in *Opere*, vol. 9, t. 1, pp. 281-344, em particular pp. 303 e seg.

Porém, a totalidade psíquica não deve ser tratada como objectividade a determinar, eventualmente através de uma determinação infinita, porque é apenas uma imagem que, ao brotar do processo de simbolização, remete o Eu para um sistema psíquico global em relação ao qual se move de maneira descentrada.

Como se vê, esta perspectiva geral suscita dúvidas enquanto modelo de uma mente centralizada e unificada e faz progressivamente nascer a ideia de que a nossa existência é essencialmente comunicação e que nesta comunicação somos uma representação complexa, produto da narração de factos, sensações e sentimentos que em determinado momento se tornam dominantes.

Estabelecendo o conceito de que não existe apenas um fluxo de consciência e de que a vida da nossa mente pode não coincidir com aquilo que o Eu mete em imagens, este ponto de vista rejeita fortemente a convicção ingénua de um centro para o qual convergem as várias informações. Em simultâneo, afirma que a nossa mente é composta por múltiplas ideias, hipóteses e sugestões de cuja diferenciação e integração nasce o nosso Eu, cujo percurso, que era contingente, casual e possível se torna cada vez mais vincado e distinto.

Para esclarecer este processo de construção mental – produto de uma progressiva diferenciação e integração das múltiplas interpretações disponíveis a nosso respeito e a respeito do mundo –, Jung recorre a diferentes noções como, por exemplo, «circum-ambulações»[20], «temenos»[21] e «mandala»[22], que vai buscar a diferentes pesquisas de cariz etno-antropológico.

---

[20] Cf. *Commento al «Segreto del fiore d'oro»* (1929/1957) cit.; Id., *Empiria del processo d'individuazione* (1933/1950) cit.; Id., *Fondamenti della psicologia analitica* (1935), in *Opere*, vol. 15, pp. 13-186; Id., *Il simbolo della trasformazione della messa* (1942/1954), in *Opere*, vol. 11, pp. 195-286; Id., *Psicologia e alchimia* (1944) cit.; Id., *Simbolismo del mandala* (1950), in *Opere*, vol. 9, t. 1, pp. 345-378; Id., *Aion: ricerche sul simbolismo del Sé* (1951) cit.

[21] Jung, *Trasformazioni e simboli della libido* (1912). Edição definitiva, *Simboli della trasformazione* (1952) cit., p. 362; Id., *Commento al «Segreto del fiore d'oro»* (1929/1957) cit., p. 113; Id., *Fondamenti della psicologia analitica* (1935) cit., p. 131; Id., *Psicologia e alchimia* (1944) cit., p. 57.

[22] C.G. Jung, *Che cosa sono i mandala* (1955), in *Opere*, vol. 9, t. 1, p. 381.

Através da reconstrução dos nexos que ligam entre si tais conceitos, a psicologia junguiana considera fundamental a individuação, ou seja, a construção da identidade subjectiva. Para Jung, o centro é um lugar importante da psique e, por isso, não se pode pretender que seja ocupado de maneira exclusiva ou preferencial pelo Eu. Este centro é, pelo contrário, o lugar da actividade psíquica em geral: o ponto meridiano da própria consciência e do complexo dos elementos que nela ocorrem.

A subjectividade é claramente o efeito da referência a si mesmo que o Eu penosamente consegue fazer e, portanto, o sinal da relação que cada pessoa consegue manter, progressivamente, com a própria vida, qualquer que seja. Neste sentido, subsiste uma autêntica constituição psicológica do indivíduo em que o seu dizer «eu» o coloque imediatamente em relação consigo, ou seja, com o facto de que «ele» existe assim como é e, portanto, em relação com os diferentes modos em que a existência se dá de forma concreta: «A individuação é uma tarefa heróica ou trágica, em todo o caso dificílima, porque implica um sofrimento, uma paixão do Eu, isto é, do homem empírico, comum, tal como foi até agora. Este homem é acolhido numa esfera maior e despe-se daquela autonomia de que se julgava completamente livre. Ele sofre, por assim dizer, a violência do Si-mesmo»[23].

4. A vida psíquica como jogo de opostos

Ao abolir a desconfiança para com o desconhecido, Jung supera a absoluta impossibilidade de conciliação entre racionalidade e irracionalidade; isto porque a primeira deixa de ser fundada na verdade e na ordem relativamente à segunda, que se funda no erro e no caos.

Perdendo o seu carácter restrito e defensivo, a razão e a realidade passam a ser o banco de ensaio do desconhecido: a razão

---

(23) C.G. Jung, *Saggio di interpretazione psicologica del dogma della Trinità* (1942/1948, in *Opere*, vol. 11, p. 156.

acolhe e expande a irracionalidade e revela-se como conjunto de procedimentos que se desenvolve aceitando realmente os desafios a que é submetida e remetendo continuamente para outrem. A razão, no entanto, mantém uma assimetria relativamente ao irracional: pelo facto de ter consciência das próprias verdades é função da primeira compreender o irracional e não vice-versa.

De resto, Jung admite o carácter ambivalente das nossas expressões da realidade e das nossas asserções de verdade, por causa de uma libido que na sua diferença interna realiza contínuas construções e reconstruções.

É neste contexto que Jung insere a actividade mental como dinâmica de estruturas bipolares que nunca chegam a uma síntese: a vida imaginativa, como estruturação e desestruturação contínua dos significados, é o resultado da acção de pares específicos de opostos e das diferentes relações de um com o outro. E, enquanto tal, pode ser descrita pelas figuras complementares do Eu e da Sombra, da Pessoa e da Alma, do Eu e do Si-mesmo.

Com efeito, a partir da consideração de que a vida psíquica é um sistema que se auto-regula mediante o princípio geral de «complementaridade» e do princípio mais específico de «compensação» dos elementos entre si, Jung considera que o psíquico é um jogo de espelhos que duplica as figuras psíquicas, que mais não são que os movimentos de carácter afectivo e cognitivo que com as suas transacções entre códigos simbólicos decompõem e recompõem o real; e chama «opostos psíquicos» aos objectos que se vinculam reciprocamente numa relação de exclusão, quanto ao seu significado, e numa relação de tipo polar quanto à sua força de significar: «a instância da consciência [...] é, por essência própria, discriminação, distinção entre Eu e não-Eu, entre sujeito e objecto, entre sim e não, e por aí adiante», e precisamente por isto é à distinção consciente «que sem dúvida se deve a separação dos pares de opostos»; do mesmo modo, a constituição de um certo estado de consciência e, correlativamente, de um certo estado inconsciente, são simultâneos ao acto de distinção psíquica(24).

(24) Cf. Jung, *Tipi psicologici* (1921) cit., p. 120.

Sendo este o modo de funcionamento da consciência, resulta que, simultaneamente, nasce um tipo de inconsciente que inclui os conteúdos psíquicos opostos aos que afluem à consciência e os pares de opostos que a mesma, por definição, não é capaz de admitir[25].

Portanto, ao considerar a consciência como tendência psíquica para a distinção, Jung concebe o inconsciente como tendência psíquica para a unificação: o regime psíquico consciente funciona de maneira a excluir as contradições e, inversamente, o regime psíquico inconsciente funciona de modo a juntar todas as contradições que a consciência produz. E como na primeira condição existe uma mera repetição daquilo que já se sabe e, por isso, não existe dinamismo psíquico – uma vez que os opostos já estão separados –, do mesmo modo, na segunda condição existe um acontecimento psiquicamente significativo porque os opostos estão em tensão entre si e produzem um sofrimento que é portador de conhecimento novo, se o Eu o souber enfrentar[26].

Deste modo, acontece a cada um de nós o que aconteceu a Parsifal que, embora «sofresse» devido à tensão dos opostos e à «abstenção» de tomar partido por uma ou outra parte, consegue provocar «um estado de congestão da libido» que já é «uma nova "postura" e, portanto, uma nova manifestação de energia [libídico-informativa]»[27].

No plano epistemológico, Jung considera que não podemos representar os opostos na sua unidade e que a sua superação através das antinomias vale apenas como postulado[28].

Ou seja, «os opostos não podem ser unificados racionalmente – *tertium non datur* – e é precisamente por isso que se chamam opostos, mas podem ser unificados [...] na prática sob a forma de compromisso ou irracionalmente»[29]. Daqui resulta

---

(25) Cf. Jung, *Aion: ricerche sul simbolismo del Sé* (1951) cit., p. 182.

(26) *Ibidem.*

(27) Jung, *Tipi psicologici* (1921) cit., p. 224.

(28) Cf. C.G. Jung, *Fenomenologia dello spirito della fiaba* (1946/1948), in *Opere*, vol. 9, t. 1, pp. 199-244, em particular p. 222.

(29) Jung, *Tipi psicologici* (1921) cit., p. 113.

que, no plano psicológico, «a solução do conflito entre os opostos não se alcança nem construindo compromissos lógico--intelectuais, nem medindo pragmaticamente o valor prático de concepções logicamente incompatíveis». Porventura, «o pragmatismo pode [...] ser [...] uma atitude transitória que, eliminando os preconceitos, prepara o caminho para a actividade criadora». Por outras palavras, Jung salienta que a unificação complexa dos opostos é possível já não do ponto de vista racional ou do ponto de vista pragmático, mas mediante aquela obra «positiva» que anuncia o acto genuinamente criativo porque deixa existir aquilo que existe e porque acolhe os opostos como elementos necessários à coordenação «do mesmo modo que um movimento muscular coordena e contém sempre também a inervação dos antagonistas». De facto, embora para a consciência valha o princípio do *tertium non datur* – que obviamente não reconhece aquilo que o resolve e unifica –, na globalidade da psique «o pressentimento daquele acto criativo tão rico de significado consegue, de uma maneira ou de outra, vingar»[(30)].

O conjunto de opostos que progressivamente assume predominância na parte psíquica do processo gnoseológico e afectivo (individual e colectivo) é, sobretudo, a imagem complexa da relação entre coisas opostas como tais. Assim devem ser entendidos o Hermafrodita e a Criança divina, a antiga fórmula alquímica do *lapis non lapis*, os conceitos de «dilema», «antinomia» e «paradoxo» em filosofia, a concepção que a física tem sobre a natureza da luz como fenómeno corpuscular e como fenómeno ondulatório[(31)], as noções de «bem» e de «mal» na ética[(32)], e o conceito de «Si-mesmo» vigente na própria psicologia analítica[(33)].

Este conjunto de opostos, no entanto, não alcança uma síntese e a consequente anulação das oposições. Pelo contrário, a união que configuram na parte das representações mentais do

(30) *Ibidem*, p. 324.
(31) Cf. Jung, *Empiria del processo d'individuazione* (1933/1950) cit., p. 304.
(32) Jung, *Aion: ricerche sul simbolismo del Sé* (1951) cit., p. 46.
(33) *Ibidem*, p. 252.

sujeito evidencia um contraste e, simultaneamente, um equilíbrio[(34)]. É o símbolo que preside a esta operação, que na expressão metafórica da literatura alquímica é *coniunctio oppositorum*. Ou seja, o símbolo, em conformidade com a sua etimologia grega, «junta» e «compõe» polaridades opostas a partir da sua simultânea presença viva na mente: no plano das relações psíquicas, o símbolo junta os opostos racionalidade--pulsionalidade, masculino-feminino, *logos-eros* e consciente--inconsciente; no plano das relações interpessoais, junta os opostos eu-tu e nós-vós[(35)].

5. *Do não conhecer ao conhecer em demasia*

Com Jung, aprofunda-se a crítica do «intelectualismo» e, portanto, a crítica da ingénua proeminência da função intelectual sobre outras funções e estruturas da psique e, em particular, sobre as emotivas e afectivas. Daqui resulta um aprofundamento da noção de «intelecto» e a consideração de que a sua eficácia depende de um funcionamento de compromisso, dos pactos que consegue estabelecer entre os diferentes opostos que o próprio intelecto produz: não apenas entre luz e sombra, mas também entre actividade e passividade, conhecimento e mistério, realidade e imaginação.

Com efeito, Jung relaciona o intelecto com a função psicológica racional e, portanto, com a actividade que semelhante função desempenha. Isto é, o nosso intelecto é uma função psicológica que faz parte do nosso juízo sobre as coisas e das operações que com estas realizamos, no momento em que as avaliamos, escolhemos, coordenamos, subordinamos e, de uma maneira ou de outra, decidimos sobre elas segundo regras de

[(34)] Cf. C.G. Jung, *Psicologia dell'archetipo del fanciullo* (1940), in *Opere*, vol. 9, t.1, pp. 143-174, em particular p. 161.

[(35)] Cf. C.G. Jung, *La psicologia della traslazione* (1946), in *Opere*, vol. 16, pp. 173-328, em particular p. 250.

antemão estabelecidas. Mas para Jung, o exercício da nossa função intelectual também se desenrola em conjunto com as outras funções psíquicas e, portanto, através da complexidade da psique. Assim, de todas as vezes que a ela recorremos (excessivamente) produz-se também uma modificação das outras funções com ela correlacionadas e uma modificação do estado global da dinâmica psíquica.

A partir da teoria da «complementaridade» e da «compensação» dos sistemas psíquicos conscientes e inconscientes, a função intelectual que exprime o nosso saber sobre o mundo depende da nossa relação com o próprio mundo. Noutro plano, a função intelectual é concebida como relação de uma parte psíquica que exprime aquilo que sabemos com as outras partes psíquicas que, num certo sentido, contêm e exprimem aquilo que ainda não sabemos[36].

Partindo destas observações, as características do intelecto conjugam-se – no plano psicodinâmico –, respectivamente, com o carácter inadiável dos dados instintivos[37]; com o carácter integral de cada diferente elemento psíquico contraposto[38]; com o inevitável carácter maleável de cada sistema psíquico já constituído[39]; com o carácter compensador de cada função psíquica rigidamente instituída com a que lhe é oposta:

Qualquer coisa que nos esforcemos por sondar com o nosso intelecto desemboca no paradoxo e no relativismo, sempre que se trate de um trabalho honesto e não de uma cómoda petição de princípio. Que a compreensão intelectual de um processo psíquico conduza ao paradoxo e ao relativismo é coisa certa, quanto mais não seja porque o intelecto é apenas uma das

---

(36) Cf. C.G. Jung, *Le visioni di Zosimo* (1938/1954), in *Opere*, vol. 13, pp. 77-126, em particular p. 93.

(37) Cf. C.G. Jung, *Determinanti psicologiche del comportamento umano* (1937), in *Opere*, vol. 8, pp. 131-144, em particular p. 138.

(38) Cf. C.G. Jung, *Riflessioni teoriche sull'essenza della psiche* (1947/1954) cit., pp. 177-252, em particular p. 223.

(39) Cf. Jung, *Tipi psicologici* (1921) cit., pp. 69, 130.

funções psíquicas que, pela sua natureza, servem ao homem para a construção das imagens que ele faz dos objectos. Não é preciso acreditar que só é possível compreender o mundo com o intelecto: também com o sentimento se pode compreender o mundo. Por isso, o juízo do intelecto é quando muito metade da verdade e, se for honesto, deve ser capaz de confessar a própria insuficiência[40].

Ao conjugar-se de forma perene com as outras funções psíquicas, a função do intelecto levanta o problema de remeter constantemente para os sentidos, os sentimentos e as intuições. Coloca igualmente o problema do carácter compensador de qualquer função psíquica rigidamente instituída com aquela que mais ou menos inconscientemente se lhe opõe[41].

Com esta argumentação, o intelecto sofre uma limitação na prática teórica em geral[42], na vida de cada indivíduo[43], na prática da psicologia[44] e na prática terapêutica[45]. Ou seja, o intelecto é um dos componentes do juízo, juntamente com o sentimento, a sensação e a intuição. Deste modo, cada nosso juízo implica a participação de todas as funções da consciência, sejam elas racionais ou irracionais[46].

É também por causa desta reflexão sobre as funções e os limites da actividade racional que Jung pertence, de pleno título, à cultura do mundo moderno. Querendo entrar nos interstícios da experiência vivida, Jung coloca o problema do inconsciente mas, na realidade, acaba por criticar a noção de conhecimento como domínio e controlo. E ao criticar, por

---

(40) *Ibidem*, p. 500.

(41) Cf. C.G. Jung, *Fondamenti psicologici della credenza negli spiriti* (1920/ /1948), in *Opere*, vol. 8, pp. 321-342, em particular pp. 340 seg.

(42) Cf. C.G. Jung, *La sincronicità come principio di nessi acausali* (1952), in *Opere*, vol. 8, pp. 447-538, em particular p. 480.

(43) Cf. Jung, *La psicologia della traslazione* (1946) cit., pp. 281 seg.

(44) Cf. Jung, *Aion: ricerche sul simbolismo del Sé* (1951) cit., p. 27.

(45) *Ibidem*, p. 32.

(46) Cf. C.G. Jung, *La funzione trascendente* (1957/1958, manuscrito de 1916), in *Opere*, vol. 8, pp. 79-104, em particular pp. 100 seg.

assim dizer, o conhecer demasiado, considera que cada conhecimento completo e exaustivo de determinado objecto, de determinada pessoa, acaba sempre por esbater e obstruir a sua verdadeira compreensão.

De resto,

> a única pessoa que verdadeiramente nos compreende é a nossa mãe. Assim, na palavra alemã *verstehen* (= compreender; em alemão antigo *firstân*), *ver-* deriva provavelmente do prefixo protogermânico *fri-*, idêntico ao grego *perí* (= em redor de, à volta de). O grego antigo *antfristôn* (= interpretar) é considerado idêntico a *firstân*. Portanto, o significado de *verstehen* seria o de «pôr-se em redor de qualquer coisa» [...]. «Compreender» e *katasyllambanein* exprimem uma imagem análoga à do alemão *erfassen*, isto é, «captar, abraçar, compreender». O elemento comum destas locuções é a ideia de «circundar, cingir, abraçar»[47].

Com efeito, o conhecimento de um objecto só existe quando não exercemos o nosso controlo nem exibimos as nossas habilidades, mas sim quando conservamos as suas zonas de sombra e, portanto, quando mantemos veladas determinadas partes. Do mesmo modo, a verdade só existe nessa meia luz em que os objectos do conhecimento já não são algo, ou alguém, em que se pode entrar e sair livremente, mas algo em que o mistério em que necessariamente nos envolvem, – caracterizado pela limitação e pela abertura –, constrói o regime da sua e da nossa interrogação. Por fim, para Jung a realidade não se cumpre inteiramente nas representações que nos são dadas pelos sujeitos individuais e colectivos. A realidade psicológica, a realidade *tout court*, de facto, necessita constantemente do homem: é aquilo que para nós é pontual e efectivo e, como tal, aquilo que por vezes descobrimos de novo juntamente com o afecto que nos estimula. De resto, como pessoas nunca estamos perante realidades rígidas e lógicas, que como tais são substân-

(47) Jung, *Trasformazioni e simboli della libido* (1912). Edição definitiva, *Simboli della trasformazione* (1952) cit., pp. 427.

cias, causas e efeitos. Pelo contrário, somos realmente pessoas quando nos desnudamos das identificações e projecções que nos isolam da realidade e nos obrigam a formular generalizações abstractas da própria realidade: «O isolamento do sujeito relativamente ao mundo circundante é consequência das projecções, de modo que em vez de uma relação real com o mundo existe um relacionamento ilusório [...]. Quantas mais projecções existem entre o sujeito e o ambiente tanto mais difícil é para o Eu conseguir compreender as próprias ilusões [...] até se formar o casulo que o há-de envolver por completo»[48].

Ou seja, somos pessoas quando abandonamos a postura mágica e de encantamento e nos entregamos às coisas – e às pessoas – e, «deixando-as acontecer», permitimos que elas próprias também se entreguem.

«Deixar acontecer» traduz o termo *geschehen lassen*, composto por *lassen* (deixar, fazer) e *geschehen* (acontecer), que Jung utiliza no último período da sua vida. Com efeito, em 1913 – durante a crise teórica e existencial provocada pela separação profissional e pessoal relativamente a Freud –, Jung recorda que sentiu renascer dentro de si a paixão infantil pelos «jogos de construção», que o levou a reconstruir vários objectos, que já não tinham qualquer sentido, com as pedras encontradas por acaso nas margens do lago de Zurique.

Ele admite que, nesse momento, onde já não havia o saber estabelecido de antemão sobre as coisas, nascia o estado emotivo e cognitivo que as «faz ser» ou que as «deixa acontecer». Assim escreve, precisamente: «Então, disse a mim mesmo: "Dado que nada sei, farei apenas aquilo que me vier à mente". Assim, *conscientemente*, deixei acontecer [*geschehen liess*] os impulsos do inconsciente»[49].

Com tal operação mental, que por causa do contexto lúdico em que nasce está longe de ser um estado no qual tudo pode

---

[48] Jung, *Aion: ricerche sul simbolismo del Sé* (1951) cit., pp. 9-10.

[49] A. Jaffé (direcção de), *Ricordi, sogni, riflessioni di C.G. Jung* (1961), Il Saggiatore, Milano 1965, p. 201.

acontecer, ou de se deixar levar por aquilo que se vai tornando presente, Jung indica que em certos momentos somos obrigados a abandonar os modos já conhecidos de fazer psicologia e, mais em geral, os modos de estar no mundo.

Cronologia de vida e obras

1875
Carl Gustav Jung nasce no dia 26 de Julho em Kesswill no cantão de Thurgau (Suíça) nas margens do lago de Constância, entre Constância e Romanshorm. É o segundo de três filhos: Paul, que nasceu dois anos antes e morreu passados poucos dias, e Trudi, que nascerá nove anos mais tarde. A mãe, Emilie Preiswerk (1848-1923), é a filha mais nova de Samuel Preiswerk (1799-1871) – pertencente a uma família aristocrática de Basileia e administrador da catedral daquela cidade –, e da sua segunda mulher, filha de um pastor de nome Faber, de Ober-Ensingen, em Wurttemberg. O pai, Johann Paul Achilles Jung (1842-1896), pastor da Igreja evangélica reformada, é filho de Carl Gustav Jung sénior (1795-1864), médico e docente na faculdade de Medicina de Basileia.

1876
A família transfere-se para Schloss-Laufen, próximo da cascata do Reno.

1879
Nova residência nas margens do Reno, em Klein-Huningen, que então era uma pequena aldeia de Basileia habitado por camponeses e pescadores. Jung frequenta a escola local.

1884

No dia 17 de Julho nasce a irmã Johanna Gertrud (diminutivo Trudi).

1886

No Verão inscreve-se no liceu de Basileia. Dedica-se às primeiras leituras de religião comparada e de filosofia: Kant, Schopenhauer, Carus, von Hartmann.

1895

Na Primavera, recebe o diploma do liceu. Os seus interesses vão da ciência à história, da filosofia à arqueologia: graças a uma bolsa de estudo inscreve-se, a 18 de Abril, no curso de licenciatura em medicina da universidade de Basileia, que frequentará a partir do semestre de verão até ao semestre de inverno do ano lectivo de 1900--1901. A 18 de Maio é admitido na secção de Basileia da Zofingiaverein, uma associação estudantil suíça. Participa nas sessões de espiritismo, sendo a médium a sua prima por parte da mãe, Hélène Preiswerk, de apenas quinze anos de idade, e que está apaixonada por ele; as relações entre fenómenos espíritas e fenómenos psíquicos e os limites de tais observações estão abundantemente presentes na tese de doutoramento que defenderá em 1900.

1896

No dia 28 de Fevereiro morre-lhe o pai. Transfere-se com a mãe e a irmã para uma pequena casa próximo de Bottminger Mill, na zona suburbana de Basileia. A 28 de Novembro apresenta na Zofingiaverein uma conferência subordinada ao tema "As zonas de fronteira das ciências exactas"; até Janeiro de 1899, apresentará no mesmo local cinco conferências sobre questões de filosofia, psicologia, ocultismo, espiritismo e parapsicologia, mostrando interesse por Swedenborg, Mesmer, Jung-Stilling, Justinus Kerner, Lombroso e, sobretudo, por Schopenhauer; a série de conferências, registada nos arquivos da associação, será mais tarde publicada com o título *Die Zofingia-Vorträge*. É deste período a sua descoberta do *Zaratustra* de Nietzsche.

1898

No semestre de inverno frequenta sem entusiasmo a cadeira de psiquiatria prevista no programa.

1900

No semestre de verão, pelo contrário, prefere frequentar a segunda cadeira de psiquiatria, que é de opção. A 27 de Novembro acaba a licenciatura em Medicina. A 11 de Dezembro começa a especialização em psiquiatria no Burghölzli, clínica psiquiátrica e hospital de doenças mentais da universidade de Zurique, dirigida por Eugen Bleuler, que alcançara notoriedade mundial com as investigações e respectivo tratamento da *dementia praecox* que ele próprio baptizou como «esquizofrenia»; com Bleuler, que será um dos psicopatólogos mais influentes nos primeiros decénios do século XX, aprende a noção de «afectividade» como elemento unificador dos dados da experiência, tanto conscientes como inconscientes, do sujeito humano, mas também a sensibilidade para ouvir os outros e a importância das vivências emocionais. Em Dezembro, já é segundo assistente no Burghölzli; chegará a primeiro assistente em 1902 e a director entre 1905 e 1909. Durante esses nove anos interessa-se pelo estudo dos sintomas em pacientes esquizofrénicos, aprofundando o aspecto psicológico dos fenómenos psicopatológicos; a compreensão, a explicação e o tratamento da esquizofrenia serão os temas da sua investigação.

1901

No dia 25 de Janeiro apresenta uma palestra no Burghölzli sobre "«O sonho» de Sigmund Freud".

1902

Publica *Psicologia e Patologia dos Chamados Fenómenos Ocultos*, tese de doutoramento de 1900 que desenvolve as observações feitas entre 1895 e 1899 e prefigura a doutrina dos complexos psíquicos: Théodore Flournay faz uma recensão entusiasta do seu trabalho. No semestre de inverno, durante o estágio de psiquiatria, frequenta a secção da Salpêtriere de Paris dirigida por Pierre Janet, que se formou na escola do neurologista Jean-Martin Charcot e é professor de Psicologia Experimental no Collège de France; na Salpêtriere inscreve-se numa cadeira sobre emoções normais e mórbidas, sobre consciência, histeria e psicoterapia e faz investigação em psicopatologia teórica a partir de noções como «automatismo psicológico», «dupla personalidade», «força» e «fragilidade» psicológicas, «função de síntese», «abaixamento do nível mental», «ideias fixas inconscientes», que relacionará com os «complexos» de Ziehen e com as «recordações traumáticas» de Freud. Em redor de Freud começa a reunir-se um grupo de estudiosos denominado Sociedade Psicológica da Quarta-Feira, que dará origem, em 1908, à Sociedade Psicanalítica Internacional e, em 1910, à Associação Psicanalítica Internacional; Jung fará parte desse grupo juntamente com Alfred Adler, Otto Rank e Sándor Ferenczi.

1903
Sob a direcção de Bleuler, trabalha como médico e psicólogo na clínica psiquiátrica do Burghölzli, começando a desempenhar, passado pouco tempo, o papel de investigador. Relê a *Interpretação dos Sonhos* de Freud, encontrando semelhanças com as hipóteses formuladas durante as observações clínicas daqueles três anos. Realiza os primeiros trabalhos experimentais sobre a associação de ideias e a teoria dos «complexos de representação de tonalidade afectiva comum», elaborando um teste de associações verbais. No dia 14 de Fevereiro, casa com Emma Rauschenbach (1882-1955), que conhecera sete anos antes: com esta mulher culta e bela (que trairá sistematicamente mas de quem jamais se separará), filha de um industrial rico de Sciaffusa proveniente de uma antiga família da Suíça alemã, terá quatro filhas e um filho. Dela receberá fundamental colaboração nas suas pesquisas. Vai de viagem com a mulher para o lago de Como. Mora com ela num apartamento do Burghölzli.

1904
Acompanha em tratamento psiquiátrico Sabina Nikolaevna Spielrein, uma judia russa hospitalizada no Burghölzli desde 17 de Agosto até 1 de Junho do ano seguinte. A relação terapêutica – de que fará um relatório detalhado em 1907 como caso clínico de «histeria psicótica» – transforma-se em análise, depois em treino clínico e em colaboração na investigação psiquiátrica e, por fim, numa paixão recíproca, que conhecerá o seu ponto alto em 1908. Em 1909, começa a separação entre os dois: nas cartas a Freud de 1909 e 1910, Jung confessa que manteve essa relação, imputando o facto a «componentes polígamos» primordiais naturalmente presentes na espécie humana. Sobre este tema irá manter intensas trocas de opinião com Otto Gross – o filho de Hans Gross, um dos maiores expoentes da criminologia da época,

ex-assistente em Munique de Emil Kraepelin – que tratava na altura no Burghölzli e que se tornará analista, analisando seguidamente o psicólogo Vittorio Benussi que, por sua vez, analisará Cesare L. Musatti. No dia 26 de Dezembro nasce a filha Ágata (Agathli). Com Franz Riklin publica *Investigações Experimentais sobre Associações de Indivíduos Normais*, em que atribui aos complexos psíquicos um carácter essencialmente psicodinâmico. Entre este ano e o seguinte, funda um laboratório de psicopatologia experimental para a pesquisa sobre complexos psíquicos; entre os assistentes estão Franz Riklin e Ludwig Binswanger; e entre os associados encontram-se os americanos Charles Ricksher e Carl Petersen. Até 1907 realiza uma série de estudos diagnósticos sobre a experiência associativa.

1905

A 5 de Fevereiro apresenta no Bernoullianum de Basileia uma conferência "Sobre Alguns Fenómenos de Espiritismo". É nomeado director (*Primo Oberärzt*) da clínica psiquiátrica da universidade de Zurique, onde lecciona e prossegue com as investigações sobre a *dementia praecox* utilizando a hipnose como instrumento de pesquisa e verificação das teorias psicológicas sobre a «esquizofrenia». É director responsável do serviço de pacientes externos e começa a substituir o método da hipnose por outras formas de psicoterapia. Com os *Habilitationesschrift* sobre *Os Tempos de Reacção na Experiência Associativa* fica habilitado para a livre docência de psiquiatria na universidade de Zurique, onde leccionará até 1913 sobre as psiconeuroses, a psicopatologia e a psicologia dos povos «primitivos»: começa o ensino universitário no semestre de Inverno de 1905-1906 leccionando uma cadeira de psiquiatria com treino prático; no semestre de Verão de 1906, lecciona uma cadeira de psicoterapia que prevê formação prática; nos anos que se seguem, alterna a cadeira do semestre de Inverno sobre a histeria com o curso do semestre de Verão sobre a psicoterapia. Publica o opúsculo *O Diagnóstico Psicológico do Facto*.

1906

No dia 8 de Fevereiro, nasce a filha Gret (Gretli). Entre finais de Março e começos de Abril começa a correspondência científica com Freud, tornando-se, pouco tempo depois, o seu principal interlocutor e ponto de referência: a escola de Zurique, de que é o expoente principal juntamente com Bleuler, em breve desempenhará um papel fundamental na psicanálise procurando compreender como e em que medida essas ideias podem ser introduzidas na compreensão das doenças mentais graves. No congresso de Baden-Baden do mês de Maio, responde às críticas de não cientificidade que Gustav Aschaffenburg, professor de Psiquiatria e Neurologia em Heidelberg, dirige à interpretação freudiana da histeria: o texto é publicado nesse mesmo ano com o título *A Teoria Freudiana da Histeria: Réplica à Crítica de Aschaffenburg*. Publica *O Significado Psicopatológico da Experiência Associativa*, *Psicanálise e Experiência Associativa* e *Associação, Sonho e Sintoma Histérico*, que enriquecem as investigações sobre as associações verbais.

1907

No dia 3 de Março, acompanhado por Ludwig Binswanger, encontra Freud em Viena, na Bergasse 19; a partir deste primeiro encontro nasce uma amizade pessoal que vai durar até 1913: o debate entre ambos sobre os fundamentos teóricos e clínicos está documentado, quase por inteiro, na densa troca epistolar entre os dois. De 2 a 7 de Setembro, em Amsterdão, participa no 1º Congresso Internacional de Psiquiatria, Neurologia e Assistência aos Doentes Mentais, apresentando uma palestra sobre "A Teoria Freudiana da Histeria" em que refere a história clínica de Sabina Spielrein: «Eu creio que um exemplo concreto tirado da minha experiência vale mais do que todas as formulações teóricas, extremamente difíceis por causa da complexidade da matéria, para ilustrar o sentido da teoria freudiana. Trata-se de um caso de histeria psicótica numa jovem de vinte anos muito inteligente. Os sintomas precoces podem ser identificados entre o terceiro e o quarto ano de vida»; o texto será publicado no ano seguinte. A 26 de Novembro, durante a reunião de Outono da Gesellschaft der Ärzte des Kanton Zürich (a Sociedade Médica de Zurique), dá uma conferência sobre a importância que a teoria freudiana pode ter nos âmbitos da neurologia e da psiquiatria: na acesa discussão que se segue é apoiado por Bleuler. Publica *Psicologia da dementia praecox* em que a teoria dos complexos – que nasce a partir da pesquisa sobre o fenómeno do espiritismo e se desenvolve através das investigações em psicologia experimental – é aplicada às pesquisas psiquiátricas com cada vez mais ligações à teoria freudiana das pulsões: o livro, impresso em 1906 e cuja elaboração e composição, pelo contrário, ocorreram entre 1903 e Julho de 1906, representa o primeiro reconhecimento evidente que a psiquiatria oficial europeia tributa ao pensamento de Freud por ter identificado o «complexo sexual» como uma das condições da perturbação psíquica.

1908

A 16 de Janeiro, na Câmara Municipal de Zurique dá uma conferência que veio a ser publicada com o título *O Conteúdo das Psicoses*; na edição de 1914 foi-lhe acrescentada um prefácio e um apêndice. Por sugestão de Ernest Jones, organiza o 1º Congresso de Psicologia Freudiana que se realiza a 26 e 27 de Abril no Hotel Bristol de Salisbúria, em que participa, no dia 27, com uma palestra "Sobre a dementia praecox". A inspiração freudiana é evidente: basta ler os dizeres impressos nos convites – *Zusammenkunft für Freud'sche Psychologie* [Encontro de Psicologia Freudiana]– que Jung adoptou apesar da pressão de Jones em favor de «Congresso Psicanalítico Internacional». O relatório sumário da palestra, redigido pelo seu próprio punho, será publicado em 1910. De 18 a 21 de Setembro, recebe Freud no seu apartamento do Burghölzli, levando-o a visitar as secções do hospital e as pessoas que tem em tratamento. No dia 28 de Novembro, nasce o filho Franz. Compra um terreno na zona rural de Im Feld, nas margens do lago de Zurique, a menos de um quilómetro da aldeia de Küsnacht e a pouco mais de dez quilómetros da mesma cidade.

1909

A 25 de Março, vai com a mulher a Viena visitar Freud. Em Junho, muda-se para uma casa nova em Küsnacht. Entre Junho e Julho, trabalha numa conferência sobre os "Conflitos da Alma Infantil" em que apresenta uma série de observações psicológicas sobre a filha Gretli, de três anos: o livro será publicado no ano seguinte e terá quatro edições com ligeiras alterações, e os respectivos prefácios. Em Setembro, juntamente com Freud e Ferenczi, faz a sua primeira viagem aos Estados Unidos, onde é convidado para as cerimónias do 20º aniversário da Fundação da Clark University, Departamento de

Psicologia e Pedagogia (Worcester, Mass.); aí é laureado *ad honorem* e apresenta três palestras sobre "O Método Associativo" que serão publicadas no ano seguinte – a terceira, como ele refere, é «a análise da minha Agathli». Inaugura a clínica privada de Küsnacht (Seestrasse 228), onde exerce psicanálise. Dedica-se aos estudos e às pesquisas que tem em curso, renunciando às suas tarefas na clínica psiquiátrica mas continuando as actividades de laboratório de psicologia experimental com os seus assistentes psiquiatras que ainda trabalhavam no hospital (Sabina Spielrein, Jan Nelken e Johann Jacob Honneger); mantém o título de *privat-dozent* da Universidade de Zurique ensinando Psiquiatria até 1913. Até 1913, é redactor-chefe do *Jahrbuch für psychoanalytische und psychopathologische Forschungen*, primeiro periódico de psicanálise, de que Bleuler e Freud são os directores. Em finais de Novembro acaba o livro sobre *A Importância do Pai no Destino do Indivíduo*, cujo texto será revisto na terceira edição de 1949. Começa a aprofundamento psicológico de mitologia comparada e da história das religiões.

1910

Em finais de Janeiro, apresenta em Zurique uma conferência em que demonstra que o *primum movens* da fantasia individual tem um carácter essencialmente mítico ou «mitologicamente típico». Visita os Estados Unidos pela segunda vez para um ciclo de conferências. Faz a análise de Antónia (Toni) Wolff: o trabalho analítico transformar-se-á numa importante e duradoura relação não apenas intelectual e profissional; Toni Wolff, que virá a ser analista e publicará textos nos cadernos junguianos, vai estimulá-lo a aprofundar o conhecimento das filosofias orientais e da astrologia. É nomeado presidente da Internationale Psychoanalytische Vereinigung (Associação Psicanalítica Internacional), fundada durante o 2º Congresso Psicanalítico privado que se realiza em Nuremberga entre 30 e 31 de Março, onde apresenta uma *Palestra sobre a América*. A 16 de Maio, dá uma conferência sobre «simbolismo» na reunião de Primavera do Verein Schweizer Irrenärtze, que se realiza em Herisau; no Verão, trabalha na composição de *Transformações e Símbolos da Libido*, concluindo a primeira parte em Dezembro. A 20 de Setembro, nasce a filha Marianne. No dia 27 de Novembro, lê um contributo *Sobre a Ambivalência*, intervindo no debate sobre a palestra de Bleuler apresentada na reunião de Inverno do Verein Schweizer Irrnärzte de Berna. Com um amigo, viaja de bicicleta até ao Lago Maior.

1911

Publica a primeira parte de *Transformações e Símbolos da Libido: Contributos para a História da Evolução do Pensamento* em «Jahrbuch für psychoanalytische und psychopathologische Forschungen» de Leipzig. Alfred Adler e o grupo dos seus seguidores saem da Sociedade de Viena. Suicídio de Honneger, seu assistente no Burghölzli. Propõe a regra da «análise didáctica» para cada analista, pois, como dirá Freud, o inconsciente do terapeuta deve ser «como um órgão receptor para o inconsciente do doente que transmite [...], tal como o receptor do telefone recebe a comunicação do transmissor» (Freud, *Consigli al medico nel trattamento psicoanalitico*, 1912, in *Tecnica della psicoanalisi*, 1911-1912, in Id., *Opere*, Boringhieri, Turim 1974, vol. 6, p. 536). Quinze anos mais tarde, a proposta será aceite pela Sociedade Freudiana, mas não rigorosamente observada. No 1º Congresso Internacional de Pedologia, que se realiza em Bruxelas entre 6 e 12 de Agosto, dá uma conferência sobre «psicanálise infantil». Em Setembro, é convidado com Freud e Havelock Ellis a participar no Congresso Médico Australo-Asiático de Sidney, onde apresenta uma comunicação "Sobre a Doutrina dos Complexos", publicada em 1913. Nos dias 21 e 22 de Setembro, realiza-se em Weimar o 3º Congresso de Psicologia Freudiana que daí em diante começa a ser denominado Congresso Psicanalítico Internacional; como presidente da Associação Psicanalítica Internacional, encarrega-se da comunicação anual e participa com a palestra "Contributos sobre o Simbolismo". Começa os estudos psicológicos sobre doutrinas astrológicas.

1912

Em Março, completa a segunda parte de *Wandlungen und Symbole der Libido: Beiträge zur Entwicklungsgeschichte des Denkens*, que publica no mesmo «Jahrbuch»; com estes trabalhos – reunidos, neste ano, num único volume, que depois foi amplamente revisto nas edições de 1925, 1938 e 1952 – explicita o seu pensamento psicológico e as suas divergências em relação ao saber psicanalítico: por um lado, a relativização perspéctica da teoria da sexualidade e, portanto, do complexo de Édipo que, seguidamente, se tornará uma das múltiplas, mas não infinitas, «imagens primordiais» ou «imagens arquétipas» situadas já não no inconsciente pessoal, mas no inconsciente colectivo; por outro, a noção de «símbolo» de que resultará a assunção metafórica da noção de incesto e a hipótese de um «inconsciente criativo». Começa a ser publicada a revista *Imago*, redigida por Freud e Rank com a finalidade de facultar à psicanálise a possibilidade de se aventurar para além do âmbito estritamente médico. No dia 4 de Junho, no encontro de Verão da *Medizinisch-pharmazeutischer Bezirksverein* de Berna apresenta uma palestra subordinada ao tema «Sobre o Tratamento Psicanalítico das Perturbações Neuróticas». Em Agosto, recebe de Freud o encargo de, mais uma vez, defender a psicanálise das críticas, agora vindas de Janet, no Congresso Internacional de Medicina que se realiza em Londres. Em Setembro, faz a terceira viagem aos Estados Unidos a convite da Fordham University de Nova Iorque; aí é laureado *ad honorem* e realiza um ciclo de nove conferências sobre a teoria psicanalítica. No decorrer das conferências, são cada vez mais notórias as suas reservas em relação à generalização da teoria freudiana da libido sexual, a formulação da hipótese do pluralismo etiológico das perturbações psíquicas, ou seja, a sua divergência relativamente à ortodoxia do pensamento psicanalítico. Contudo, salientam-se também os desenvolvimentos que são fruto do seu contributo e as indicações de uma possível aplicação da psicanálise ao âmbito das psicoses. Durante o mês de permanência em Nova Iorque coordena diariamente durante duas semanas um seminário de duas horas e lecciona uma série de lições de psicologia clínica no Bellevue Hospital e no New York Psychiatric Institute na Ward's Island; por fim, discursa para a New York Academy of Medicine; a publicação das conferências, cuja redacção iniciou na Primavera deste ano e completou em finais do mês de Julho, ocorrerá no ano seguinte com o título *Ensaio de Exposição da Teoria Psicanalítica*. A 8 de Outubro, profere uma conferência em inglês na New York Academy of Medicine sobre «psicanálise e neuroses»; repetirá esta mesma conferência no 17º Congresso Médico Internacional, de Agosto de 1913, que depois, foi publicada com alguns retoques de estilo, em 1916, com o título *Sobre a Psicanálise*. A 22 de Novembro, apresenta uma comunicação "Sobre a psicologia dos negros", no contexto das iniciativas da delegação de Zurique da Associação Psicanalítica Internacional. A sua relação com Freud começa a degradar-se: na correspondência deixa mesmo de usar o vocativo «Caro amigo» e passa a referir «Caro doutor».

1913

No dia 5 de Agosto, dá uma palestra na Psyco-Medical Society de Londres sobre "Aspectos gerais da psicanálise", em que aprofunda algumas diferenças relativamente à doutrina psicanalítica e propõe – para a sua perspectiva teórica e respectivo âmbito de pesquisa e aplicação – a denominação «psicologia analítica» ou «psicologia complexa», considerada inclusiva e não opositora ou alternativa à psicanálise. A 7 e 8 de Setembro, em Munique, onde se realiza o 4º Congresso Internacional de Psicanálise da Associação Psicanalítica Internacional, é reeleito presidente; aí apresenta uma comunicação em alemão "Sobre a questão dos tipos psicológicos" cuja versão francesa será publicada em Dezembro nos *Archives de psychologie*, revista editada em Genebra; esta comunicação é a primeira que faz sobre o tema dos tipos, que o vai manter ocupado até 1920: começa a salientar a relação entre observador psicológico e observação psicológica, lançando os pressupostos daquela que virá a ser a teoria do pluralismo perspéctico. É cada mais evidente o contraste teórico com Freud, o qual interrompe o relacionamento pessoal e o exclui do movimento psicanalítico, criando em seu redor uma «comissão secreta» composta pelos fidelíssimos Abraham, Ferenczi, Jones, Rank e Sacks. Em Outubro, demite-se da redacção do «Jahrbuch». A 12 de Dezembro começa a experimentar a técnica da «imaginação activa», introduzindo uma série de regras com a finalidade de limitar os riscos de «inflação» que a consciência corre nestas pesquisas; simultaneamente, progride na formulação da técnica de «amplificação» através do desenho das imagens que os sonhos veiculam. Começa neste ano o período que o próprio Jung definiu como de «incerteza interior, aliás, de desorientação», que se prolongará até 1919 e ficará conhecido como fase de «doença criativa».

1914

Conclui o período de ensino relativo ao semestre de Inverno, interrompendo a sua ligação à universidade de Zurique, como já tinha feito com a clínica psiquiátrica do Burghölzli, em 1909, e com a Sociedade Psicanalítica, em 1913. A 8 de Março, nasce a filha Helene. Em Abril, Freud interrompe a correspondência com ele. A 20 de Abril, demite-se da presidência da Associação Psicanalítica Internacional, da qual, em Julho, se separa o grupo local de Zurique. No mês de Maio, começa as «Psychologische Abhandlungen»: uma série de livros do grupo de Jung, publicados, sob o seu cuidado e direcção, pela Franz Deuticke (Leipzig, Viena) com o objectivo geral de construir uma psicologia autónoma da psicopatologia e com o objectivo específico de diferenciar a psicologia junguiana da doutrina freudiana, sobretudo no que respeita ao pluriperspectivismo teórico. Ao volume publicado neste ano seguir-se-ão os outros, mas só em 1928, quando a série for publicada pela Rascher Verlag, de Zurique. No dia 24 de Julho apresenta uma conferência na Psycho-Medical Society de Londres "Sobre a Compreensão Psicológica dos Processos Patológicos". De 29 a 31 de Julho participa nos trabalhos da secção de neurologia e medicina psicológica durante a 82.ª reunião anual da British Medical Association que se realiza em Aberdeen, referindo a "Importância do inconsciente na psicopatologia". Começa a corresponder-se com o psicoterapeuta Hans Schmid-Guisan, de Basileia, sobre o problema dos tipos psicológicos, desenvolvendo as pesquisas que conhecerão um primeiro corolário em 1920.

1916

São publicadas em inglês as suas principais pesquisas psicológicas sob o título *Collected Papers on Analytical Psychology*, que no ano seguinte terão segunda edição revista e aumentada. Publica *Septem Sermones ad Mortuos*, que representa o primeiro resultado dos seus exercícios de confronto com o inconsciente; «por amor da verdade» voltará a publicá-lo nas memórias considerando-o «um pecado da juventude». Durante uma das suas estadias na guarnição estacionada no desfiladeiro Gottardo, lugar a que se sentia particularmente ligado, compõe *A Função Transcendente*: o livro de vinte e três páginas será descoberto pelos estudantes do C.G. Jung-Institut (fundado em Zurique no ano de 1948) e publicado em 1957. A segunda edição, aumentada sobretudo na parte final, sairá no ano seguinte. Estuda com maior sistematicidade e aprofundamento os aspectos psicológicos do gnosticismo, sobre cujos elementos fora inicialmente atraído pelos escritos «ocultos» de G.R.S. Mead. Institui-se em Zurique o primeiro grupo junguiano, sob a designação de Psychologischer Club Zürich; tais actividades são possíveis, durante a Primeira Guerra Mundial, também graças ao patrocínio e financiamento de Edith Rockfeller McCormick, filha de John D. Rockfeller, sua aluna entre 1913 e 1923, que financiará igualmente as primeiras traduções em inglês das suas obras. No mês de Outubro, por ocasião da conferência "Individuação e colectividade", que apresenta no Psychologischer Club, introduz a noção psicológica de «processo de individuação». A partir do método da imaginação activa, começa a estudar e a desenhar os mandalas dos exercícios de meditação oriental.

1917

É publicado *Psicologia do Inconsciente*, que é uma nova edição reformulada de *Neue Bahnen der Psychologie* publicado em 1912 com finalidade essencialmente divulgativa; (o ensaio conhecerá uma longa história editorial: em 1918, sai uma segunda edição sem qualquer alteração; em 1926, sai uma terceira edição aumentada e corrigida com título diferente e com um novo prefácio datado de Abril de 1925; em 1936, sai a quarta edição com simples retoques; em 1945, é publicada a edição definitiva, revista e ampliada, com título e prefácio novos). Esta publicação assinala a descoberta de um editor disposto a apoiar as pesquisas da psicologia analítica, tornando-se referência editorial privilegiada ou mesmo exclusiva: assim, o projecto científico e cultural passa da Franz Deuticke – o editor (com sede em Leipzig e Viena) que juntamente com Hugo Heller, de Viena, era também o principal divulgador da literatura psicanalítica freudiana – para a Rascher Verlag de Zurique, na pessoa do seu fundador Max Rascher e, posteriormente, do filho Albert. Este editor publicará não apenas toda a produção que se seguirá, mas também as edições dos livros junguianos anteriormente publicados noutras editoras. Continua a trabalhar sobre a pintura de mandalas utilizando-os cada vez mais como expressão de processos psíquicos inconscientes. Desenvolve a teoria do inconsciente colectivo, já introduzida nas pesquisas do ano anterior, começando a formular a hipótese de no inconsciente colectivo se exprimirem «dominantes psíquicas», ou seja, pontos fulcrais do mundo das imagens, dotados de carácter afirmativo em relação à possibilidade de a consciência fazer experiências propriamente humanas. Aprofunda a pesquisa sobre os tipos psicológicos. Até 1919 será médico-chefe no campo de prisioneiros ingleses internados em Château D'Oex e, depois, em Murren.

1918

Neste ano, a Sociedade Psicanalítica de Berlim, na tentativa de amenizar os problemas de heresia relativamente aos dogmas da teoria psicanalítica, propõe que se introduza uma nova denominação da análise prevista no adestramento que, de agora em diante, passa a chamar-se «adestramento pessoal» e não «adestramento de controlo». Continua a estudar os textos gnósticos, cujos aspectos psicológicos aprofundará até 1926.

1919

No dia 4 de Julho, apresenta em Inglaterra, na assembleia geral da Society for Psychical Research, uma conferência sobre "Os fundamentos psicológicos da crença nos espíritos", considerando-os projecções de fragmentos separados do inconsciente: publicado no ano seguinte, o texto da conferência conhecerá nova edição corrigida e ampliada em 1948. A 11 de Julho participa na reunião anual da Royal Society of Medicine, Section of Psychiatry, que se realiza em Londres, com uma palestra sobre "O problema da psicogénese na doença mental"; no dia seguinte, participa no simpósio «Instinto e inconsciente» – realizado no Bedford College e organizado pela British Medical Society de Londres em colaboração com a Aristotelian Society e a Mind Association –, apresentando uma comunicação, com o mesmo título do simpósio, na qual aparecem pela primeira vez as noções psicológicas de «arquétipo» e de «imagem arquetípica». A comunicação é publicada no mesmo ano na edição londrina do *British Journal of Psychology*.

1920

Orienta pesquisas na África do Sul, em Argel, na Tunísia e em alguns locais do Sara, onde estuda a psicologia das civilizações não europeias. Começa a experimentar a técnica descrita no *I Ching. O livro das mutações*, estudando as suas consequências psicológicas. Em Zurique, participa nas experiências mediúnicas orientadas por Bleuler e von

Schrenck-Notzing, que trabalham com o médium austríaco Rudi Schneider, mas sem tirar conclusões nem fazer menção de tais experiências. Demite-se da presidência da Sociedade Psicanalítica Internacional.

1921
Publicação de *Tipos Psicológicos*; com esta obra, concluída na Primavera de 1920, clarifica a importância dos pressupostos teóricos na observação psicológica, sublinhando a necessidade de uma tomada de consciência plena e responsável da perspectiva cognitiva e afectiva através da qual todas as psicologias das profundezas e, portanto, a própria psicanálise, constroem as suas hipóteses de pesquisa e as descrições dos «objectos» psíquicos. Por isso, entende que o conhecimento que se obtém na psicologia é apenas provisório, o mesmo se passando com as interpretações (em termos de transferência, recalcamento, resistência, etc.) obtidas na psicoterapia. No período de quarenta anos de história editorial, a obra será submetida a algumas revisões substanciais; em 1937 é publicada a sétima edição, acrescentada de prefácio datado de Setembro desse mesmo ano; em 1950, sai a oitava edição com poucas revisões e novo prefácio datado de Junho de 1949; em 1960, é publicada a edição definitiva com algumas revisões, em parte de sua autoria, e uma ampliação do capítulo 11, em que apresenta a definição do conceito de Si-mesmo, por ele compilada em 1958.

1922
Em Maio, apresenta uma conferência na Gesellschaft für Deutsche Sprache und Literatur de Zurique sobre "Psicologia analítica e arte poética", que repetirá em Outubro no Psychologischer Club. Em Dezembro, no Burghölzli, profere uma palestra sobre "O problema amoroso do estudante". Conhece Richard Wilhelm, sinólogo e director do China Institut de Francoforte, com quem colabora nalguns trabalhos: em 1923, convida-o a leccionar uma série conferências sobre *I Ching* no Psychologischer Club. Compra um terreno nas margens do lago de Zurique no município de Bollingen.

1923
Em Janeiro, morre-lhe a mãe. Entre Março e Julho, em Zurique, dá dezasseis lições semanais em inglês subordinadas ao tema *Analytical*

Psychology, conhecidas como *Seminar in Analytical Psychology*. Em Julho, em Polzeath (Cornualha), lecciona um seminário em inglês sobre "Human Relationships (Human Relationships to the Process of Individuation)"; organizado por H. Godwin Baynes e M. Esther Harding, o seminário ficou conhecido como *Cornwall Seminar*. Esther Harding acompanhá-lo-á até Zurique para fazer análise e iniciar o adestramento pessoal; estudiosa de problemas de psicologia da mulher, transferir-se-á seguidamente para os Estados Unidos onde fundará, primeiro, a Associação de Psicologia Analítica e, depois, o Instituto. Convida Richard Wilhelm a proferir uma palestra no Psychologischer Club. No Congresso Internacional de Pedagogia que se realiza em Territet-Montreux, profere uma conferência sobre «Desenvolvimento e Educação da Criança».

1924

Em Maio, apresenta no Congresso Internacional de Pedagogia de Londres uma série de três conferências sobre "Psicologia analítica e educação". Dá início às pesquisas etnopsicológicas realizando uma série de viagens até aos índios pueblo do Novo México e do Arizona.

1925

No Congresso Internacional de Pedagogia de Heidelberg apresenta uma comunicação sobre "O significado do inconsciente na educação individual". De 25 de Julho a 7 de Agosto, lecciona em inglês em Swanage (Dorset) doze lições sobre *Sonhos e Simbolismo*. Em Outubro retoma as suas pesquisas etnopsicológicas viajando até à África Oriental com mais dois amigos; nessa expedição, oficialmente reconhecida pelo ministério dos Negócios Estrangeiros inglês com a denominação «Bugishu Psychological Expedition», realiza, entre outras coisas, uma investigação sobre os habitantes do monte Elgon, no Quénia, vivendo com os indígenas durante alguns meses numa cabana às portas da aldeia; as observações mantê-lo-ão ocupado ininterruptamente até Abril do ano seguinte. No decorrer de um seminário reservado a um número restrito de estudantes, apresenta, pela primeira vez, a sua versão sobre o seu relacionamento com Freud, uma vez que, até então, apenas se conhecia a versão deste último e dos seus alunos: na autobiografia de 1962, Jung apresentará ao grande público mais elementos da questão.

1926
A 29 de Outubro, dá uma conferência sobre "Espírito e vida", no contexto do ciclo de estudos «Natur und Geist» organizado pela Literarische Gesellschaft Augsburg.

1927
Dá uma conferência na Gesellschaft für Freie Philosophie de Darmstadt sobre «o carácter terrestre da psique» que será publicada com o título *Alma e Terra*. Em Karlsruhe, fala sobre "Psicologia Analítica e Concepção do Mundo", comunicação que repetirá com pequenas variantes, no dia 4 de Março de 1930, na Philosophische Gesellschaft Zürich. Conhece Jolande Jacobi, húngara, que começará a fazer análise com ele alguns anos mais tarde, mas também com um analista freudiano e outro adleriano de Viena, onde vivia; posteriormente, desempenha funções de analista e publica muitos livros que resumem o método junguiano, sendo um elemento fulcral na fundação do Jung--Institut de Zurique.

1928
Em 23 de Fevereiro, apresenta na Österreichischer Kulturbund de Viena uma conferência subordinada ao tema "A Estrutura da Psique". No 3º Congresso da Allgemeine ärtzliche Gesellschaft für Psychoterapie de Zurique – realizado entre 20 e 22 de Abril em Baden-Baden –, apresenta uma comunicação sobre "Doença Mental e Psique". Publica *O Eu e o Inconsciente* (título original *As Relações entre o Eu e o Inconsciente*) que representa uma sistematização das reflexões em redor do conceito de «energia psíquica» como «relação»; elaborado para a conferência que apresentou no início de 1916 na Zürcher Schule für Analytical Psychologie, o estudo será reeditado e ampliado em 1935 com novo prefácio, podendo ler-se, entre outras coisas: «Gostaria de sublinhar que o presente escrito [...] é expressão de um esforço contínuo de décadas, que pretendeu identificar – e expor, pelo menos, nos seus aspectos principais –, o carácter e o decurso peculiares do *drame intérieur*, do processo de transformação da psique inconsciente». Publica *Energética psíquica*, cuja composição data de 1912. Na reunião da Verein Schweizer Irrenärtze, que se realiza em Zurique, conferencia sobre *Tipologia psicológica*. Começa os estudos de alquimia. Em Outubro, no Congresso de Praga da

Verband für intellektuelle Zusammenarbeit, dá uma palestra sobre "O Problema Psíquico do Homem Moderno", que repetirá em Novembro no Hottinger Leserzirkel de Zurique. No dia 7 de Novembro, no Psychologischer Club, dá início a um seminário intitulado "Análise do Sonho", que realizará semanalmente até 25 de Junho de 1930.

1929
No 4º Congresso da Allgemeine ärtzliche Gesellschaft für Psychoterapie de Zurique (Bad Nauheim, 30 de Abril), apresenta uma comunicação sobre os "Objectivos da Psicoterapia". No Congresso de Zurique da Society of Public Health de Huddersfield (Yorkshire), fala sobre "Alguns aspectos da psicoterapia moderna", que será publicada no ano seguinte. Em conjunto com Richard Wilhelm publica *O Segredo da Flor de Ouro*, um antigo texto tauísta, sendo o comentário psicológico da sua autoria. Por comissão do periódico *Kölnische Zeitung* imprime *O Contraste entre Freud e Jung*, que será publicado em duas partes.

1930
É nomeado vice-presidente da Allgemeine ärtzliche Gesellschaft für Psychoterapie, de que é presidente Ernst Kretschmer. Utiliza pela primeira vez o termo «sincronicidade». Entre 6 e 11 de Outubro, lecciona no Hotel Sonne de Küsnascht-Zurique seis lições sobre a psicologia da individuação: juntamente com as outras seis, que se realizaram entre 5 e 10 de Outubro do ano seguinte, compõem o "Deutsche Seminar", também conhecido como *Zur Psychologie der Individuation*. No dia 15 de Outubro, no Psychologischer Club começa uma série de seminários semanais em inglês sobre a "Interpretação das visões", que completará em 21 de Março de 1934.

1931
No dia 29 de Janeiro, no Österreichischer Kulturbund de Viena, apresenta uma comunicação sobre o «desvelar da alma», depois publicada com o título *O Problema Fundamental da Psicologia Contemporânea*. No 6º Congresso da Allgemeine ärtzliche Gesellschaft für Psychoterapie de Zurique (Dresden, 30 de Abril), apresenta uma comunicação sobre a "Aplicabilidade prática da análise dos sonhos", que será publicada em 1934. Ainda em Dresden, mas no início do

ano, dá uma palestra sobre "O Significado da Psicologia para os Tempos Modernos", com repetições em Fevereiro, em Essen, e a 18 de Dezembro de 1932, em Zurique, por ocasião da entrega de um prémio da câmara municipal consagrado aos estudos sobre a literatura: em 1932 será publicada uma primeira versão ampliada da conferência com o título *Über Psychologie* [*Sobre Psicologia*]; em 1934, o texto será reeditado com correcções, aumentado e um novo título.

1932

No dia 1 de Fevereiro, durante uma reunião da Naturforschende Gesellschaft no Eidegenössische Technische Hochschule (Politécnico federal) de Zurique, dá uma conferência subordinada ao tema "As Hipóteses do Inconsciente Colectivo". Em Maio, na conferência pastoral alsaciana de Estrasburgo, dissecta sobre "As Relações entre a Psicoterapia e a Solicitude para com as Almas", que repetirá em forma de conferência no Psychologischer Club. Com J. Wilhelm Haur, docente de Indologia na universidade de Tubingen, orienta, entre Outubro e Novembro, dois ciclos de seminários, parte em inglês e parte em alemão, que se realizam no Psychologischer Club com o título *The Kundalini Yoga*, igualmente conhecidos como *Tantra Yoga Seminars*. Em Novembro, no Österreichischer Kulturbund de Viena profere uma conferência sobre «a voz interior», que será publicada com o título *O Devir da Personalidade*. A 18 de Dezembro, conferencia sobre "o significado da psicologia para os tempos modernos" por ocasião do prémio literário que a cidade de Zurique lhe atribui por ter superado a «psicologia sem alma» de orientação cientista, pelos comentários às obras de literatura e poesia e pela influência que directamente exerceu nestes âmbitos.

1933

Em Junho, Kretschmer demite-se de presidente da Ärztilche Gesellschaft für Psychotherapie porque, a seu ver, a sociedade devia ter aderido à ideologia nazi e, portanto, excluir todos os membros judeus. No dia 25 de Junho, Jung fica encarregado de acompanhar a normal administração da sociedade e é-lhe pedido que assuma temporariamente a presidência, pensando-se que a sua autoridade impediria um alinhamento da psiquiatria e da psicoterapia com o regime nazi. Aceita o encargo que lhe foi proposto na expectativa de que a condição de estrangeiro lhe permita manter também na Alemanha as linhas europeias. Desvalorizando certamente a força com que o nazismo se vai difundir, redige em poucos meses uma nova constituição, que transformará a sociedade numa associação internacional: como *Dachorganisation*, a sociedade reúne diferentes sociedades nacionais e os psicoterapeutas judeus expulsos da sociedade alemã fazem parte dela a título individual. Torna-se presidente da sociedade e da secção suíça. Em Setembro, a sociedade fundará em Berlim a secção alemã, a que aderiu ao nazismo, nomeando para presidente M.H. Göring, primo de Hermann Göring, marechal do *Reich*. A partir das emendas por ele anteriormente introduzidas é permitido aos analistas judeus residentes na Alemanha continuarem a pertencer à sociedade através dos grupos das outras nações. Entre 26 de Junho e 1 de Junho, em Dahlem, lecciona um seminário de seis lições sobre os sonhos organizado pela C.G. Jung Gesellschaft de Berlim; o material foi reunido num volume com o título *Berliner Seminar* e é conhecido como *Über Träume*; deveria haver um segundo volume de seminários que leccionou igualmente em Berlim em 1934. Em Agosto, apresenta uma conferência sobre "Empirismo do Processo de Individuação" em Ascona, no 1º Congresso da Eranos, sociedade que, por inspiração do teólogo Rudolf Otto e do sinólogo Richard Wilhelm, tinha sido fundada por Olga Fröbekapteyn, que conheceu Jung em 1930 na Escola da Sabedoria de Hermann Keyserling, e foi sua paciente. Nesta conferência, Jung desenvolve os seus trabalhos sobre a imaginação activa e o pensamento oriental, colaborando – juntamente com Mary Mellon – na publicação da compilação das suas obras. Participará nestes encontros anuais até 1951 com catorze conferências, colaborando também nos respectivos programas e relacionando-se com expoentes da cultura europeia, tais como: Mircea Eliade, Henri-Charles Puech, Friedrich Heiler, Gerardus van der Leeuw e Ernesto Bonaiuti – historiadores das religiões –, Henri Corbin – estudioso do Islão –, Gershom Scholem - estudioso do Hebraísmo –, Gilles Quispel – especialista de gnosticismo –, Kàroly Kerényi – filólogo e mitólogo –, Joseph Campbell – mitólogo e historiador das religiões –, Paul Tillich – teólogo protestante – e Martin Buber – filósofo e estudioso do hassidismo. Retoma o ensino no Politécnico de Zurique participando em conferências e leccionando uma «disciplina de opção» sobre a história da psicologia e, em particular, sobre a psicologia complexa que, mais tarde, virá a ser «disciplina regular»; as lições do período entre 20 de Outubro de 1933 e 12 de Julho de 1935 e do período entre 28 de Outubro de 1938 e 11 de Julho de 1941 foram reunidas num volume intitulado *Modern Psychology*; as lições sobre «os sonhos infantis e a mais antiga literatura sobre a interpretação dos sonhos» – dadas nos semestres de inverno de 1936-37, 1938-39, 1939-40 e 1940-41 – foram reunidas e publicadas com o título *Kinderträume*. Nos dias 7 e 8 de Outubro, participa na 84ª reunião da Schweizerische Gesellschaft für Psychiatrie apresentando um trabalho sobre o conceito de «alucinação». De Outubro até Fevereiro do ano seguinte, no contexto de uma disciplina de história da psicologia, aprofunda o pensamento de vários filósofos: Descartes, Fechner, Carus e Schopenhauer. É neste ano que Marie Louise von Franz, com apenas dezoito anos, o conhece e de imediato o escolhe como seu mentor intelectual. Marie entra para o círculo mais restrito dos seus alunos, onde permanecerá fielmente: depois da licenciatura em linguística passou a ser sua assistente, traduziu, com uma ou outra imprecisão, alguns textos latinos e colabora nos estudos sobre a alquimia, constituindo um ponto de referência para o Jung-Institut de Zurique. Faz uma viagem ao Egipto e à Palestina.

1934
Publica *Situação Actual da Psicoterapia*. Nesta obra dedica algumas linhas à distinção entre psicologia judaica e alemã, como já fizera em *Função do Inconsciente*, de 1917. O jornal diário de Zurique *Neue Zürcher Zeitung*, abstraindo algumas afirmações do seu contexto e sem as relacionar com os princípios junguianos da relatividade psicológica de historicidade de cada psicologia, publica um ataque polémico de Gustav Bally sobre o cargo que Jung ainda ocupava na Allgemeine ärtzliche Gesellschaft für Psychotherapie; nesse mesmo jornal, embora só passado muito tempo, publicará a sua *Réplica ao Doutor Bally*, em que afirma que aquele cargo, apesar de muito exposto a equívocos, era a única oportunidade que ainda lhe restava para ajudar os colegas alemães. Muito mais tarde, Bally exprimirá um juízo imparcial sobre a psicologia analítica evidenciando uma simpatia de fundo para com ela. Em Maio, a Sociedade de Psicoterapia, ratificando as mudanças constitucionais por ele propostas, transfor-

ma-se em Sociedade Internacional de Psicoterapia, com sede em Zurique; para além da Alemanha, também nela participam a Suíça, a Suécia, a Dinamarca, a Holanda e a Inglaterra; nessa ocasião, afirma que a sociedade deve manter-se neutral tanto do ponto de vista político como religioso. A 2 de Maio, no Psychologischer Club, orienta um seminário em língua inglesa sobre os "Psychological Aspects of Nietzsche's «Zarathustra»", o primeiro de uma série que se concluirá em 1939; o ciclo de seminários será publicado em dois volumes intitulados *Nietzsche's «Zarathustra»*. No 7º Congresso que a Allgemeine ärtzliche Gesellschaft für Psychotherapie de Zurique realiza em Bad Nauheim de 10 a 13 de Maio, intervém com a comunicação "Considerações gerais sobre a teoria dos complexos". No Congresso da Eranos do mês de Agosto, dá uma conferência sobre "Os arquétipos do inconsciente colectivo" no contexto do tema geral "Simbolismo e métodos psicológicos no Oriente e no Ocidente"; a respectiva publicação, aumentada por causa da repetição na conferência de Novembro no Psychologischer Club, ocorrerá no ano seguinte; em 1945, surge uma nova edição com ligeiras correcções. Entre 1 e 6 de Outubro, na Psychologische Gesellschaft Basel apresenta um ciclo de seis conferências de "Introdução à Psicologia Analítica", que serão publicadas em 1935 com o título *Basler Seminar*, dando lugar em 1944 ao volume *O Homem em Busca da sua Alma*.

1935
É nomeado professor efectivo do Politécnico de Zurique. No começo de Janeiro apresenta na Medizinische Gesellschaft Zürich uma conferência sobre "Princípios de Psicoterapia Analítica", que repete em Amersfoort, na Nederlandsche Vereeniging voor Psychoterapie. No 8º Congresso da Allgemeine ärztliche Gesellschaft für Psychoterapie de Zurique (Bad Nauheim, 27-30 de Março), apresenta uma comunicação sobre "O que é a psicoterapia?" No dia 30 de Maio, morre a sua irmã Trudi. No congresso da Eranos do mês de Agosto, dá uma conferência sobre "Os símbolos oníricos do processo de individuação", que foi depois integrada, com ampla revisão, na obra *Psicologia e Alquimia* de 1944. No Institut of Medical Psychology (Tavistock Clinic) de Londres, entre 30 de Setembro e 4 de Outubro, apresenta um ciclo de cinco conferências em inglês sobre «teoria e prática da psicologia analítica», conhecidas como *Tavistock Lectures* ou *London*

Lectures; as conferências, que já circulavam em 1936 sob a forma de texto dactilografado e policopiado pela Analytical Psychology Club de Londres, farão parte da edição das *Opere* [Obras Completas] com o título *Fundamentos da Psicologia Analítica*. Em Outubro, na Eidgenössische Technische Hochschule de Zurique – onde é nomeado professor efectivo de Psicologia –, inicia uma série de lições, que concluiu em Julho de 1936 e ficaram conhecidas como *Lições na Eidgenössische Technische Hochschule*. Sob a sua presidência é fundada em Zurique a Schweizerische Gesellschaft für Psychologie, que reúne médicos e psicólogos de diferentes orientações. Esta associação representa a segunda de cinco etapas diferentes da organização do movimento junguiano: a primeira fora a constituição do Psychologischer Club em 1916, a terceira será a fundação do Jung--Institut, em 1948, a quarta vai ser a constituição, também em Zurique, da Sociedade Suíça de Psicologia Analítica, em 1957, e a quinta será, em 1958, a fundação da Associação Internacional de Psicologia Analítica. Para o seu 60º aniversário será publicado o volumoso *Festschrift* intitulado *Die Kulturelle Bedeutung der Komplexen Psychologie* (Springer, Berlim).

1936

A 5 e a 16 de Junho, no Psychologischer Club, dá duas conferências "Sobre «Rosarium philosoforum»". No Congresso da Eranos do mês de Agosto, apresenta uma palestra sobre "A representação da libertação na alquimia", que foi depois integrada com amplas revisões na edição de *Psicologia e Alquimia* de 1944. De 20 a 25 de Setembro, em Bailey Island (Maine), orienta um seminário em língua inglesa sobre «os símbolos oníricos do processo de individuação»; este seminário, juntamente com os de 16-18 e 25-26 de Outubro do ano seguinte em Nova Iorque, sempre em língua inglesa, serão reunidos em dois volumes intitulados *Dream Symbols of the Individuation Process*; os seminários ficaram conhecidos, respectivamente, como *Bailey Island Seminar* e *New York Seminar*. Em Setembro é nomeado Doctor of Science da Harvard University de Cambridge (Mass.), onde apresenta a conferência "Determinantes psicológicas do comportamento humano". Embora M.H. Göring seja co-director da revista da Associação Médica de Psicoterapia (*Zentralblatt für Psychoterapie*), na sua qualidade de director continua a publicar com

C.A. Meier, editor suíço, uma série de artigos de autores judaicos. A 12 de Outubro, no Plaza Hotel de Nova Iorque, profere uma palestra sobre "O conceito de inconsciente colectivo", organizada pelo Analytical Psychology Club de Nova Iorque. A 4 de Outubro, na Tavistock Clinic de Londres, dá uma outra conferência sobre "Psicologia e problemas nacionais". Publica na *Neue Schweizer Rundschau* o artigo "Wotan", em que tenta uma interpretação psicológica do fenómeno do nazismo.

1937

A 28 de Maio, no 2 Congresso de Psicoterapia, em Berna, apresenta a comunicação "Die Wirklichkeit der psychotherapeutischen Praxis". No Congresso da Eranos do mês de Agosto, apresenta a comunicação "As visões de Zósimo", que será depois o título definitivo da reedição de 1954, amplamente revista: a primeira edição, de 1937, intitula-se *Einige Bemerkungen den Visionen des Zosimos*. A 28 de Setembro, por ocasião da visita de Mussolini a Hitler, Jung, que já se encontrava em Berlim, tem a oportunidade de observar as relações existentes entre os dois ditadores e a enorme quantidade de pessoas que aí se encontraram; a partir dessa altura, aprofunda o estudo das psicoses de massa e mais fundamentalmente os problemas psicológicos do dogmatismo e da massificação. Nos dias 28 e 29 Setembro, em Berlim, profere duas palestras que foram publicadas com o título *Berliner Vorträge*. No 9. Congresso da Allgemeine ärztliche Gesellschaft für Psychotherapie de Zurique (Copenhaga, 2-4 de Outubro) pronuncia o discurso inaugural. Entre os dias 16-18 e 25-26 de Outubro, em Nova Iorque, orienta um seminário sobre «símbolos do processo de individuação»; no que respeita ao destino editorial deste seminário veja-se o que já foi dito relativamente ao seminário de Bailey Island (Maine) de 1936. No âmbito das Terry Lectures, em Outubro, orienta um ciclo de três conferências na Yale University de New Haven (Conn.), seguidamente publicadas com o título *Psicologia e Religião*. No fim do ano, é nomeado doutor em letras pelas universidades de Benares e de Allahabad e doutor em ciências pela Universidade de Calcutá.

1938

Em Julho, no congresso da International General Medical Society for Psychotherapy, recebe a primeira licenciatura em ciências que a

Universidade de Oxford atribuiu a um psicoterapeuta. No 10º Congresso da Allgemeine ärztliche Gesellschaft für Psychotherapie de Zurique (Oxford, 29 de Julho-2 de Agosto), pronuncia o discurso inaugural e intervém no debate. No Congresso da Eranos do mês de Agosto apresenta, em duas partes, a conferência "Os aspectos psicológicos do arquétipo da mãe", publicada no ano seguinte e reeditada em 1954 com algumas correcções. Continua a aprofundar os estudos de alquimia.

1939

No dia 4 de Abril, participa na reunião anual da Royal Society of Medicine, Section of Psychiatry, de Londres onde apresenta a conferência "Psicogénese da esquizofrenia". No dia seguinte, na Guild of Pastoral Psychology de Londres coordena um seminário sobre "A vida simbólica": as actas, por ele aprovadas, serão publicadas em 1954. No dia 15 de Maio, é eleito Honorary Fellow da Royal Society of Medicine de Londres. No Congresso da Eranos do mês de Agosto, apresenta, em duas partes, uma conferência "Sobre o renascer", título com que é publicada na reedição corrigida e ampliada de 1950; a primeira edição de 1940, na realidade, intitula-se *Die verschiedenen Aspekte der Wiedergeburt*. As mudanças estatutárias que encetou na Associação Internacional de Psicoterapia ficam sem efeito devido à perseguição nazi: em Dezembro, no momento em que os alemães criam e associam outros grupos nacionais, entre os quais os japoneses e os húngaros – pressionando-os para que adiram –, Jung considera semelhante imposição como secessão do grupo alemão e abandona a presidência da Associação, que irá ressurgir em 1946 como Federação Internacional de Psicoterapia Médica. Em memória de Freud, falecido à meia-noite de 23 de Setembro, publica no dia 1 de Outubro *Sigmund Freud: necrológio*.

1940

No Congresso da Eranos do mês de Agosto, faz uma intervenção sobre «A Psicologia da Ideia Trinitária», cujo texto será lido a 5 de Outubro no Psychologischer Club e publicado com o título *Ensaio de Interpretação Psicológica do Dogma da Trindade*. Sem ter em conta o estatuto e o acto constitutivo da Associação Internacional de Psicoterapia, M.H. Göring autoproclama-se presidente da associação e transfere a sede de Zurique para Berlim: a partir deste momento, o nome de Jung passa a figurar na «lista negra» dos nazis e os seus escritos são banidos da Alemanha nazi e dos países ocupados.

1941
Em colaboração com K. Kerényi publica *Prolegómenos ao Estudo Científico da Mitologia.* Apresenta uma comunicação sobre "Paracelso como médico" durante as conferências que se realizam em Basileia na comemoração do quarto centenário da sua morte; no dia 5 de Outubro, na Schweizerische Paracelsus Gesellschaft, apresenta uma palestra sobre "Paracelso como fenómeno espiritual"; o texto será publicado no ano seguinte. A 19 de Julho, abre os trabalhos do 4º Congresso Anual da Comissão para a Psicoterapia, que se constituiu no seio da Schweizerische Gesellschaft für Psychiatrie, com a comunicação "A psicoterapia hoje": o texto conhecerá uma edição não comercial em 1942, uma primeira publicação em 1945 e uma reedição em 1946. No Congresso de Eranos do mês de Agosto, apresenta uma comunicação, em duas partes, sobre "O símbolo da transformação na missa": repetição da conferência de 17 de Maio que apresentou no Psychologischer Club, e cujo texto terá uma primeira edição em 1942 e uma reedição, em 1954, revista e aumentada.

1942
No Congresso da Eranos do mês de Agosto apresenta a comunicação "O espírito Mercúrio": a primeira edição sairá em 1943 e a segunda, revista e aumentada, em 1948. A 26 de Setembro, no congresso de psicologia de Zurique, intervém sobre o tema "Psicoterapia e concepção do mundo": a primeira edição sairá em 1943, a reedição em 1946 e a segunda em 1945. Por motivos de saúde deixa o ensino no Politécnico de Zurique. A 4 de Dezembro, no Congresso escolar de Basileia dá uma conferência sobre *A Criança Dotada,* o título da reedição de 1946: a edição de 1943, pelo contrário, intitula-se *Votum. Zum Thema. Schule und Begabung.*

1943
A 8 de Maio, no Pychologischer Club dá uma palestra subordinada ao tema "Psicologia da meditação oriental", que já apresentara entre Março e Maio em Zurique, Basileia e Berna, na Schweizerische Gesellschaft

der Freunde ostasiasticher Kultur. A 15 de Outubro, é nomeado professor efectivo de Psicologia Médica na universidade de Basileia, sendo especialmente encarregado da psicoterapia. É nomeado membro da Academia Suíça das Ciências.

1944

No início do ano, fractura o perónio e depois sofre um ataque cardíaco e uma trombose pulmonar. Deixa o ensino. Publica *Psicologia e Alquimia*, que é uma ampla revisão de duas conferências nos congressos da Eranos de 1935-36: em 1952, sairá uma reedição, com ligeiros melhoramentos ao nível do estilo e algumas integrações ao nível do conteúdo. A edição *A Via do Si-mesmo*, última obra do indianista alemão Heinrich Zimmer, ficará ao seu cuidado.

1945

Cessa a actividade de médico, dedicando-se exclusivamente à investigação. Publica *Depois da Catástrofe*, em que exprime os seus sentimentos e o seu pensamento a respeito da brutalidade nazi. A 12 de Maio, em Zurique, durante uma sessão científica do senado académico da Schweizerische Akademie der medizinischen Wissenschaften, conferencia sobre "Medicina e psicoterapia". A 9 de Junho, no Psychologischer Club, dá uma conferência sobre Gérard de Nerval, cujo resumo é publicado em 1946: no arquivo Jung de Zurique encontra-se o texto dactilografado de vinte e quatro páginas que contém a totalidade da conferência. Por ocasião do seu septuagésimo segundo aniversário, recebe o doutoramento *honoris causa* pela universidade de Genebra. No Congresso da Eranos do mês de Agosto, apresenta duas comunicações "Sobre a psicologia do Espírito" [*Zur Psychologie des Geistes*], o texto será publicado no ano seguinte; corrigido e ampliado e com um novo título, *Fenomenologia do Espírito na Fábula*, conhece nova reedição em 1948 e outra em 1957. Em Inglaterra, é fundado o *Journal of Analytical Psychology*. Nos Estados Unidos, constitui-se a Bollingen Foudantion, que recebe o nome da localidade suíça onde Jung tinha construído uma torre de pedra. A Fundação, criada pela americana Mary Mellon, que fizera análise com ele e frequentara os seus seminários, promove a publicação da tradução inglesa das suas obras completas e das conferências da Eranos.

1946

Publica *A Psicologia da Translação*. Aprofunda a distinção entre «arquétipo» e «imagem arquetípica». Em Novembro, sofre um segundo ataque cardíaco.

1947

Introduz a noção de «inconsciente psicóide».

1948

Na Schweizerische Gesellschaft für praktische Psychologie de Zurique, apresenta a conferência *Schatten, Animus e Anima* [Sombras, Ânimo e Alma]: dividida em duas partes e com o título *Die Syzygie: Anima und Animus*, o texto constituirá dois capítulos de *Aion*, publicado em 1951. A 24 de Abril, graças aos esforços dos seus alunos suíços, americanos e ingleses, nasce em Zurique a fundação denominada C.G. Jung-Institut für Psychologie, cuja finalidade única é a de prosseguir com as pesquisas e os estudos por ele iniciados: na breve palestra inaugural que pronuncia, não se fará qualquer referência ao papel de formação e certificação dos analistas que, pelo contrário, passado pouco tempo, se tornará na sua principal, se não mesmo exclusiva função. A 22 de Maio, no Psychologischer Club apresenta a conferência "Über das Selbst [Sobre o Si-Mesmo], cujo texto corresponde ao capítulo quarto de *Aion*, publicado em 1951. Publica *A Simbólica do Espírito: Estudos sobre a Fenomenologia Psíquica*.

1949

A 8 de Outubro, no Psychologischer Club apresenta a conferência "Fausto e a alquimia": o texto será publicado no ano seguinte.

1950

Renuncia à presidência do Jung-Institut.

1951

Publica *Aion: Pesquisas sobre o Simbolismo do Si-mesmo*. A 20 de Janeiro e a 3 de Fevereiro, no Psychologischer Club, apresenta duas comunicações, as últimas, sobre a «sincronicidade»: repete-as no Congresso da Eranos do mês de Agosto. O texto das palestras, depois de ampliado, vai ser publicado no ano seguinte com o título *A Sincronicidade como Princípio de Nexos Causais*.

1952
Publica *Resposta a Job*.

1953
Morre Toni Wolff. Aumentam os problemas cardíacos. Novamente com o apoio económico da aluna Mary Mellon e de seu marido Paul, a Bollingen Foundation de Nova Iorque começa a traduzir e a publicar as *Collected Works of C.G. Jung* simultaneamente nos Estados Unidos e na Inglaterra.

1955
Por ocasião dos seus oitenta anos recebe o doutoramento *honoris causa* pelo Politécnico de Zurique. A 7 de Setembro escreve o prefácio ao primeiro número da revista *Psychotherapy*, órgão oficial da Indian Psychotherapeutical Society de Calcutá. Publica a primeira parte de *Mysterium coniunctionis*. O dia 27 de Novembro fica marcado pelo falecimento da sua mulher.

1956
Publica a segunda parte de *Mysterium coniunctionis*.

1957
No mês de Abril, como presidente honorário, prepara a mensagem de abertura do simpósio sobre «Factores Químicos das Psicoses», organizado pela Massachussets Mental Health Center de Boston no contexto do 2º Congresso Internacional de Psiquiatria que se realizará em Zurique entre 1 e 7 de Setembro. Publica *Presente e Futuro*. Com Aniela Jaffé – analista, secretária do Jung-Institut desde 1955 (até 1961) e sua secretária pessoal – começa a composição daquela que é considerada a sua autobiografia e que mais coerentemente se intitulou *Recordações, Sonhos e Reflexões de C.G. Jung*. A 7 de Agosto, em Zurique, constitui-se a Sociedade Suíça de Psicologia Analítica. No 2º Congresso Internacional de Psiquiatria é lida a sua comunicação "A Esquizofrenia", testemunho do «seu trabalho pioneiro [...] no campo da esquizofrenia».

1958
Em Maio, em Estugarda, participa no 7º Congresso da Stuttgarter Gemeinschaft «Artz und Seelsorger» com uma reflexão sobre as curas milagrosas. A 1 de Novembro, na Psychologische Gesellschaft Basel, orienta um debate sobre várias questões relacionadas com a psicologia. No Outono, no 7º Congresso da Stuttgarter Gemeinschaft «Artz und Seelsorger», que se realiza em Zurique, apresenta a comunicação "Bem e Mal na Psicologia Analítica". Em Zurique, constitui-se a Associação Internacional de Psicologia Analítica que reúne a sociedade suíça e as outras sociedades nacionais. Rascher, editor de Zurique, dá início à publicação de *Gesammelten Werke von C.G. Jung*, que em 1971 será continuada pelo editor Walter de Olten.

1960
Por ocasião do seu octogésimo quinto aniversário é nomeado cidadão honorário de Küsnacht: ao presidente da Câmara Municipal, que lhe entregou as chaves da cidade, Jung fez questão de responder no dialecto originário da cidade de Basileia.

1961
Morre no dia 6 de Junho na casa de Küsnacht. É fundada em Itália a Associação italiana de Psicologia Analítica, da qual nascerá, por geminação, em 1966, o Centro Italiano de Psicologia Analítica. Em Itália, quatro anos mais tarde, o editor Boringhieri de Turim (a partir de 1987 Bollati Boringhieri) começa a publicar as *Opere di C.G. Jung* [Obras Completas de C.G. Jung] segundo o plano e os critérios das edições anglo-americana e alemã.

História da crítica

As teorias e os temas propostos por Jung deram origem a copiosa bibliografia que pode ser dividida em dois segmentos: a bibliografia que surgiu em campo freudiano e a que surgiu no contexto junguiano. No primeiro caso, o pensamento de Jung revela-se pré-freudiano ou em conflito com o pensamento freudiano. Sublinham-se, por isso, determinados elementos considerados irracionais e não modernos, ou então interpretados do ponto de vista psicanalítico, portanto, considerados «resistências» ao próprio pensamento freudiano. No segundo âmbito, pelo contrário, o pensamento de Jung revela-se um desenvolvimento do pensamento freudiano e inclusivo deste último. Ambos têm por objecto a psicologia analítica como doutrina e almejam as possíveis aplicações do pensamento junguiano na área das psicoterapias.

1. Bibliografia no âmbito freudiano

Neste âmbito, o pensamento junguiano é inicialmente entendido como «negação» da psicanálise e, portanto, uma forma de «resistência» à própria psicanálise. Estes textos surgem sobretudo no biénio de 1913 e 1914 por obra de Sigmund Freud, Sándor Ferenczi e Karl Abraham.

Nesse período, Freud é irredutível a respeito das suas teorias da libido e do complexo de Édipo, teorizações que Jung logo desde o início não aceitou. Tornou-se, igualmente, inaceitável o seu dogmatismo teórico: «Defendo a tese» – escreve ele – «de que as formações manifestas dos motivos mitológicos não podem ser utilizadas em eventuais comparações com os nossos resultados; mas, pelo contrário, podem sê-lo apenas as formas latentes, originárias, para que podem ser remetidas mediante um trabalho histórico comparativo, que elimine as suas deformações no decurso evolutivo dos mitos»[(1)]. Levantará as mesmas questões nos apontamentos *Para a História do Movimento Psicanalítico* [(2)] e em *Introdução ao Narcisismo*[(3)]. Precisamente ao escrever uns apontamentos para uma eventual história da psicanálise, Freud condena asperamente aquela que considera uma antropologia idealista e consoladora, que visa prometer uma total recomposição das feridas infligidas à imagem narcísica do homem e, portanto, visa superar os opostos de maneira dialéctica mediante uma síntese pacificadora que se abre fundamentalmente ao pensamento religioso, e que é passível de ser criticada, do ponto de vista positivista, como fruto de «mecanismos defensivos».

Por outro lado, Ferenczi, no seu comentário, em 1913, ao livro *Trasformazioni e simboli della libido*, afirma: «A impressão que fiquei após a leitura da obra junguiana é que o autor em muitos pontos do seu trabalho não segue propriamente a ciência indutiva, mas a elaboração de um sistema filosófico com todas as respectivas vantagens e desvantagens. A principal vantagem é a pacificação do espírito, o qual, assim que considera resolvidos os problemas fundamentais do ser, fica liberto dos tormentos da incerteza e pode tranquilamente deixar para os outros a preocupação de colmatar as lacunas do sistema. A grande desvantagem da elaboração prematura de um sistema consiste no perigo de manter a todo o custo o princípio fundamental afirmado *a priori* e de descurar aquele que o poderia

---

(1) Carta de Freud a Jung de 17 de Dezembro de 1991, in *Lettere tra Freud e Jung*, Boringhieri, Turim 1974, pp. 509-510.

(2) S. Freud, *Per la storia del movimento psicanalitico* (1914), in Id., *Opere*, vol. 7, Boringhieri, Turim 1975, pp. 377-438, cfr. em particular pp. 415 segs.

(3) S. Freud, *Introduzione al narcisismo* (1914), in Id., *Opere*, vol. 7, Boringhieri, Turim 1975, pp. 441-472.

contradizer»[4]. Através destes autores, a que se pode acrescentar Abraham com a sua crítica de 1914[5], abre-se uma polémica que durará muitos anos – e que mais tarde será recuperada por Glover[6] – sobre um Jung considerado herege relativamente ao pensamento psicanalítico.

Até aos primeiros anos da década de setenta do século XX, vão aprofundar-se as diferenças entre o campo do saber psicanalítico e o campo do saber da psicologia analítica, diferenças essas que incidirão concretamente nos aspectos profissionais e institucionais.

2. *Bibliografia no âmbito junguiano*

A corrente de estudos inerente às escolas junguianas e pós-junguianas[7] produziu uma vasta bibliografia que acabou por assumir diferentes características. Deste modo, podemos falar de: textos apologéticos; textos de sistematização; textos de síntese; textos parcialmente exegéticos; textos originais mas não independentes; textos semi-independentes. Todos eles se situam no contexto do pensamento junguiano, se cruzam no tempo e ainda hoje se mantêm vivos, constituindo, fundamentalmente, quatro orientações: 1) a orientação estrutural-arquetípica; 2) a orientação evolutivo-relacional; 3) a orientação imaginal-arquetípica; 4) a orientação do junguismo crítico. A primeira e a terceira, mas por vezes também a segunda, acabam por convergir naquilo que se pode chamar «orientação neo-subjectivista ou carismática» indicando com o termo o facto de que

[4] Cf. S. Ferenczi, *Critica di «Trasformazioni e simboli della libido» di Jung* (1913), in Id., *Fondamenti di psicoanalisi,* 2 vols. Guaraldi, Rimini 1972, vol. 1, pp. 177-196.

[5] K. Abraham, *Critica al «Saggio di esposizione della teoria psicoanalitica» di C. G. Jung* (1914), in Id., *Opere*, vol. 2, Boringhieri, Turim 1975, pp. 744-759.

[6] E. Glover, *Freud o Jung?* (1956), SugarCo, Milão 1967 e 1978.

[7] Há muitas escolas pós-junguianas. Também não faltam as tentativas de descrição e catalogação das mesmas. São exemplo desse esforço, por exemplo, G. Adler (1967), Goldenberg (1975) e M. Fordham (1978). Rico de observações e de estímulos é o contributo de A. Samuels (1985).

em todos os três se realiza, de variadas maneiras, uma constante reavaliação das instâncias menos racionais da função analítica. Deste modo, ao confundir, por um lado, o cientismo com o saber científico e, por outro, o racionalismo com a razão, o Eu do sujeito que interpreta é destituído de qualquer certeza, são-lhe mostradas as fragilidades e a quase-fragmentação em que a psique se encontra, sendo, fundamentalmente, dotado de capacidades carismático-divinatórias. Mediante esta série de «manobras» mais ou menos conscientes, a análise transforma-se e resolve-se num exercício «poético» no sentido irónico do termo ou, no melhor dos casos, numa poesia visionária. A este respeito, a quarta orientação identifica-se com a crítica a tudo isto e, por isso, mereceria a definição mais corrente de «orientação científica», que a faz confinar com a reflexão sobre a história da ciência e com os seus métodos. Seja como for, todos as orientações consideram fundamental e sem qualquer crítica a reviravolta no campo da psique que Jung propõe a Freud, isto é, considerar a consciência produto do inconsciente e numa situação de estreita relação circular com este. E isto para além de uma concepção problemática de tal origem e de tal causa da mesma consciência, que pelo contrário os diferencia radicalmente.

1) Orientação estrutural-arquetípica. Esta orientação é representada, antes de mais, por E. Neumann e pelos seguidores de Zurique e, portanto, pelos docentes mais influentes do Jung-Institut, entre os quais se destacam G. Adler e M.-L. von Franz.

E. Neumann reconstrói os estádios sucessivos que a humanidade atravessa para emergir do inconsciente colectivo, perpetuando e ampliando a hipótese biológica de Haeckel segundo a qual o desenvolvimento de cada organismo repete a linha de desenvolvimento da sua espécie (neste sentido, não corrige o erro em que, por vezes, cai Jung – sendo também o erro em que incorre Freud – quando reflecte genericamente sobre o nascimento do pensamento e especificamente sobre a relação entre a imaginação do homem e o imaginário humano, e formula a hipótese de o processo imaginativo se basear nas estruturas da imaginação e que estas, como disposições para as imagens, são herdadas em virtude da pertença de cada indivíduo da espécie humana). Fazem parte desta perspectiva a *História das Origens da Consciência*[8], que tem um prefácio do próprio Jung, e a *Grande Mãe*[9], que indagam, respectivamente, o aspecto masculino e o aspecto feminino do psíquico.

M.-L Franz pesquisa incansavelmente sobre as imagens arquetípicas nas fábulas, nas lendas e nos contos[10], considerando-as textos em que a manifestação dos processos psíquicos do inconsciente colectivo ocorre de um modo menos contaminado pela cultura local que contudo os veicula. Neste sentido, os elementos narrativos mais díspares que aparecem em textos escritos e em transcrições de textos orais, pertencentes a culturas geográfica e historicamente diferentes, são catalogados segundo os mesmos «motivos» (vida, morte, abandono, separação, incesto, regressão, fragmentação, salvação, criação, destruição, etc.) e, portanto, concebidos como revelação do Si--mesmo, isto é, da totalidade psíquica do indivíduo e centro regulador do inconsciente colectivo. Contudo, a autora nem sempre tem presente que, para Jung, a pesquisa comparada dos «motivos» psicológicos não é um fim em si mesmo e não tem a finalidade de mero entretenimento. Os resultados provisórios de tais pesquisas, que têm lacunas, são o esboço de uma psicologia das formas simbólicas e, portanto, do trabalho simbólico através do qual a humanidade teria tentado diferenciar-se da sua base animal e instintiva. Com efeito, eram o aperfeiçoamento de um instrumento utilizável na complexa obra de interpretação psicológica do inconsciente no contexto da transferência: isto é, uma «amplificação», ou seja, um desenvolvimento, em amplidão e intensidade, das expressões do imaginário que os sonhos e delírios veiculam.

No conjunto dos vários autores há a intenção declarada de conservar intacta a estrutura arquetípica da psicologia analítica, aplicando-a constantemente, e sem reservas, aos estudos sobre o simbolismo

[8] E. Neumann, *Storia delle origini della coscienza* (1949), Astrolabio, Roma 1978.
[9] E. Neumann, *La grande madre* (1956), Astrolabio, Roma 1981.
[10] Cf. entre outros, M.-L. von Franz, *Le fiabe interpretate* (1969), Boringhieri, Turim 1980; Id., *Il femminile nella fiaba* (1972), Boringhieri, Turim 1980.

colectivo. A sua obra arqueológica, de tipo quase estruturalista, não se resume contudo a uma pesquisa antropológica segundo o método comparativo(11).

2) Orientação evolutivo-relacional. Tendo surgido em contexto inglês, onde foram numerosos os contactos da escola junguiana com a escola kleiniana, esta orientação caracteriza-se por um interesse específico pelas experiências psíquicas da primeira infância e, mais em geral, pela aplicação do princípio epigenético, já introduzido por Freud em psicologia, segundo o qual o estádio adulto da psique deve ser entendido como efeito de estádios anteriores e expressão do processo evolutivo. Pode incluir-se nesta orientação os últimos trabalho de Neumann, em particular *Das Kind* (12), que representam uma tentativa de integração da teoria junguiana com o modelo evolutivo freudiano, mas a esta orientação pertencem, antes de mais, os seguidores londrinos de Jung, dentre os quais se destaca M. Fordham(13), que construiu um modelo de evolução psíquica em certos aspectos análogo ao modelo desenvolvido por Melanie Klein e pelos defensores do modelo da relação de objecto. Nesse âmbito, em que se dialoga não apenas com a psicanálise kleiniana mas também com a psicanálise influenciada por Bion, os arquétipos propostos por Jung como temas adequados para a descrição do mundo psíquico do analisado, surgem – integralmente e jamais superados pelo empirismo que inclusive enunciam – como figuras de um «teatro interior» que testemunha as vivências de integração e de desintegração que ocorrem na relação mãe-criança e analogamente na obra de transformação recíproca que ocorre na relação entre analista e paciente.

(11) Esta postura revela, amiúde, intenções apologéticas, não apenas da hipótese arquetípica, mas também da apologia do seu construtor que nela se tinha aventurado. A defesa fideísta de tal método, as simplificações introduzidas na divulgação das teorias da psicologia analítica, o carácter literal com que as várias metáforas são assumidas e, por fim, a aura de mistério com que propositadamente envolvem Jung, têm o efeito paradoxal de não espelhar a complexidade do pensamento de um mestre que, no entanto, dizem adorar.

(12) E. Neumann, *Das Kind*, Rascher, Zurique 1963.

(13) Cf. entre outros, J. Hillman, *Il mito dell'analisi* (1972), Adelphi, Milão 1979.

3) Orientação imaginal-arquetípica. Esta orientação é representada essencialmente por J. Hillman e pelo grupo que nos inícios dos anos setenta se reuniu em redor da revista *Spring*. Porventura como reacção ao empirismo expresso pela orientação evolutiva, mas certamente com o propósito de desenvolver a orientação estrutural-arquetípica, este prolífico ensaísta e brilhante expositor atribui um papel central à imaginação profunda, por isso, a vida psíquica é fundamentalmente entendida como actividade imaginativa e, como tal, deve ter origem em elementos arquetípicos, com as respectivas características inconscientes que surgem ao nível do imaginário colectivo. É daqui que nasce a sua «psicologia arquetípica», que critica o racionalismo da cultura ocidental (jamais suficientemente determinado) e presta atenção fundamental às imagens colectivas e, portanto, à que se chama a vida «imaginal» – utilizando a expressão do islamita Henri Corbin; é esta vida que o mito, qual arquivo de imagens, regista e expõe. Ao denominar «imaginais» tanto o Eu como o mundo, ele quer que o facto de subsistirem na alma (como lugar intermédio entre a coisa e o intelecto) e entre as imagens dela (o mito) seja considerado momento genético-institutivo não apenas do sujeito e do objecto, mas também da vida psíquica em geral: segundo ele, esta seria a única interpretação capaz de poupar à psicologia a «maldição do espírito analítico», característico do próprio racionalismo. Com esta tese, que expõe em *O Mito da Análise*(14), os seus ensaios abandonam quase totalmente o campo da análise individual e, mais em geral, o campo da psicoterapia e privilegiam o aspecto da psicologia analítica como «teoria da cultura» e assume, sobretudo, a característica de apelo social(15).

(14) Cf. entre outros, J. Hillman, *Il mito dell'analisi* (1972), Adelphi, Milão 1979.

(15) Devido ao tom ideológico e doutrinário com que tudo isto é veiculado, os seus ensaios podem dizer-se apaixonados, mas substancialmente acabam por trair a promessa de um novo e mais modesto exercício da racionalidade. Transformam, aliás, no seu exacto contrário as premissas de multiplicidade e de polissemia do imaginário psíquico e, portanto, de parcialidade e provisoriedade em que a própria razão, enquanto parte da alma, se encontra emaranhada e mediante as quais se desenrola.

4) Orientação do junguismo crítico. Esta é sobretudo representada pela psicologia analítica italiana e, em particular, por Mario Trevi e pelo grupo que se reúne em torno da revista *Metaxú*, que efectua pesquisa nos âmbitos da psicologia, da psiquiatria e da psicoterapia(16).

Autor de notáveis ensaios sobre o pensamento de Jung(17), Trevi ocupou-se dos problemas do «símbolo» e da crítica à noção de «arquétipo». Denunciando o facto de os arquétipos psicológicos terem um estatuto teórico oscilante que os considera ora «estruturas», ora «funções» da realidade psíquica e, portanto, operadores simbólicos, Trevi sublinha que Jung quis sobretudo construir uma «topografia» da vida psíquica mais completa e mais prudente do que aquela proposta pela ortodoxia freudiana e quis, igualmente, verificar como a própria vida psíquica se constitui. É neste contexto que Jung formula a hipótese da existência de um jogo, inesgotável, de opostos que são sintetizados pela função simbólica que precisamente os «mantém unidos» («símbolo» deriva de *syn-bállein*, «colocar junto; juntar»). Defensor desta assunção crítica do pensamento de Jung, Trevi crê que o discurso junguiano sobre a «psique» tem lugar na história da psicologia, fundamentalmente por duas razões: por um lado, pela sua *pars destruens*, que consiste na rejeição da ortodoxia psicanalítica (mas não da psicanálise) e, portanto, na assunção não ingénua de qualquer «redução»; por outro, pela sua *pars construens*, que consiste na proposta de um relativismo psicológico que considera qualquer abordagem psicológica como perspectiva possível. Neste contexto, Trevi propõe uma reformulação das noções de análise e de símbolo.

No que respeita ao símbolo, é necessário distinguir duas utilizações fundamentais: na primeira, o termo segue a tradição histórica e indica uma expressão que é usada em lugar de uma outra, por isso, fala-se de «função substitutiva» do símbolo; na segunda, o termo como que se inova relativamente à tradição, indicando, por sua vez,

(16) Cf. os fascículos da revista *Metaxú. Materiali e ricerche sul pensiero simbolico e zone di confine* dirigida por Mario Trevi e os da revista *Atque. Materiali tra filosofia e psicoterapia,* por mim dirigida.

(17) Cf. entre outros, M. Trevi, *Interpretatio duplex,* Borla, Roma 1986; Id., *Per un junghismo critico*, Bompiani, Milano 1989; Id., *Saggi di critica neojunghiana,* Feltrinelli, Milão 1993.

o carácter «formativo» do signo e, portanto, a possibilidade transformadora que determinada expressão pode vir a ter num certo contexto. Fala-se, portanto, correlativamente de uma função «formativa» e de uma função «transformativa» do símbolo. É precisamente esta segunda função, sempre correlacionada com a primeira, que ao configurar fundamentalmente o regime psíquico a que habitualmente chamamos inconsciente interessa à psicologia dinâmica e ao seu exercício psicoterapêutico. A análise é uma busca das causas do sofrimento psíquico, dos significados profundos dos sintomas psicopatológicos e das diferentes relações dos componentes últimos da psique. Por isso, é um procedimento orientado para a descrição, interpretação e compreensão de um objecto segundo os seus componentes mais simples e as diferentes relações entre si. Neste sentido, a análise psicológica da consciência e dos dados da experiência tende a determinar as estruturas da psique e as formas essenciais dos seus conteúdos revelando as mais comuns e repetidas situações cognitivo-afectivas em que o homem se encontra nas suas relações com o mundo. Semelhante procedimento, por muito correlacionado que esteja com a assunção crítica dos mesmos produtos analíticos (não menos importante: a atenção ao «campo psicanalítico» em que tais elementos se tornam observáveis), não evita que uma certa psicologia analítica seja complacente com determinados elementos rígidos, metapsicológicos ou extrapsicológicos, que acabam por fazer referência à noção de «arquétipo». Para sair do *impasse* que obrigaria à admissão ou à eliminação de pontos rígidos relativamente ao que o psíquico é, Trevi recorda-nos que eventuais afirmações desse tipo fazem sempre parte do próprio psíquico e, portanto, não devem ser consideradas definitivas. A partir daqui, a análise é concebida como procedimento de decomposição que, como tal, procura componentes elementares. Contudo, esta procura é sempre orientada para a produção de uma composição dos mesmos elementos. Num outro plano, admite-se que qualquer verdade analítica nunca é verdade última, pois quebraria o diálogo em que se situa. Pelo contrário, a verdade analítica é sempre penúltima, uma vez que ao surgir no contexto do diálogo psicológico é susceptível de ulterior rectificação ou correcção. Num plano mais geral, a análise é um dos momentos do diálogo psicológico e, portanto, uma das fases, quiçá mesmo a mais importante, do processo global em que se realiza o acto psicoterapêutico.

Semelhantes considerações, que podem ser encontradas em determinados aspectos de Jung, mereceriam ser recuperadas nos nossos dias. Tal recuperação não poderia deixar de passar pelo exercício da dúvida, antes de mais face a qualquer institucionalização da abordagem psicológica de Jung e, portanto, através da denúncia aberta da sua utilização como verdadeiro Verbo. Semelhante abordagem seria, hoje, fecunda, tanto quanto fundamentalmente estéril seria a imponente actividade ensaísta até hoje realizada por boa parte dos seus seguidores(18).

Em semelhante orientação, a psicologia não pode fugir ao facto de ser um «discurso» em que a «psique» é simultaneamente objecto e sujeito. Por isso, a razão que nela age deve antes de mais tomar-se a si mesma como objecto identificando os seus vínculos, logo, as suas intenções e os seus limites. Fazendo referência explícita à noção de «crítica» e, portanto, ao processo mediante o qual a razão, fazendo-se objecto de si mesma, toma consciência de si e, por isso, limita o excesso de poder do seu exercício e enuncia claramente os critérios da sua legitimação, Trevi inaugurou no pensamento junguiano uma abordagem específica da psicologia estabelecendo os seguintes princípios: 1) o delineamento crítico do exercício teórico e clínico da psicologia e, portanto, a condenação do uso ingénuo de qualquer metapsicologia; 2) a determinação da tarefa da psicologia como reflexão sobre a própria psicologia; 3) a constituição de uma psicologia como testemunho do mesmo processo psicológico; 4) a introdução em psicologia de um modelo multiperspéctico. Neste sentido vem a constituir-se uma psicologia que, antes de mais, é crítica em relação aos próprios pressupostos. Com tais princípios na psicologia analítica, esta última torna-se herdeira do pensamento psicanalítico, aplicando porém a si mesma o método de que é portadora: isto é, em Jung está vivo o problema da presença inevitável do sujeito pesquisador no objecto da pesquisa psicológica e, através deste, ele é o original portador da consciência de uma antropologia subjacente a qualquer psicologia. Para o conceito de ciência positivista, esta

(18) M. Trevi, M. Innamorati, *Riprendere Jung*, Bollati Boringhieri, Turim 2000, p. 57.

afirmação já não podia fazer pensar coerentemente na psicologia como ciência universal e «objectiva». Ou seja, em Jung existe uma tendência implícita para considerar a psicologia e, com ela, a psicoterapia, pesquisas contínuas, constantes e inesgotáveis que se realizam através do método socrático da interrogação dos próprios pressupostos. Mas mais em particular, há em Jung a vigorosa afirmação de um multiperspectivismo que o conduz à afirmação de que qualquer tentativa de descrição da vida psíquica só pode ocorrer quando se salienta determinada perspectiva, ou melhor, quando se torna presente aquela que mais não é do que a psicologia do seu construtor: isto é, a existência de um vínculo irredutível entre a construção psicológica e o construtor da psicologia. Semelhante conflito é considerado apenas parcialmente sanável mediante a enunciação de um outro vínculo, igualmente irredutível, embora menos impregnado de subjectividade, entre a construção psicológica e o tipo de indivíduo que elabora uma psicologia.

Os princípios deste «criticismo junguiano» não estão presentes, certamente, na *psychologia universalis*, ou seja, na modelação junguiana das invariantes universais, em que se anuncia, precisamente, a presença na psique humana de «imagens» e de «disposições para as imagens» que têm um carácter imutável, universal e imperecível. De qualquer modo, a noção de «crítica» é posta em relação com o seu termo oposto, isto é, «ingenuidade», no sentido de «ilusões» ou «crenças ingénuas» que, pelo contrário, podem desempenhar uma função fundamentalmente criativa se a razão as interrogar. No fundo, Jung coloca o problema de como regressar à ingenuidade depois de se ter exercitado a crítica das nossas próprias ilusões.

Esta orientação conheceu uma série de desenvolvimentos com A. Ruberto[19], que aprofunda a noção de «complexo» no seu alcance teórico e clínico, com L. Aversa[20], que reflecte sobre «antinomias

(19) A. Ruberto, *Teoria generale dei complessi: fondamenti e sviluppi,* in L. Aversa (direcção), *Fondamenti di psicologia analítica*, Laterza, Roma-Bari 1995, pp. 133-164; Id., *Teoria generale dei complessi: il complesso come la più piccola unità bio-psico-sociale concepibile*, in L. Aversa (direcção), *Psicologia analitica. La teoria della clinica,* Bollati Boringhieri, Turim 199, pp. 67-87.

epistemológicas» do psíquico, com M.I. Marozza[21] e A. Iapoce[22], que sublinham o carácter originário do «afecto» na imaginação psíquica, com E. Trapanese[23], que retoma a «tipologia» junguiana como método em psicologia , com M. La Forgia[24], que evidencia a «configuração intencional» dos complexos sobre a qual a mente se vai progressivamente estruturando. E isto também a partir da reposição do pensamento junguiano na cultura filosófica e psicopatológica do século XX a que Umberto Galimberti[25] dá início nos primeiros anos da década de oitenta, até à mais recente e renovada classificação do léxico junguiano que eu próprio levei a cabo[26].

Um discurso à parte mereceria a difusão na cultura e daí o sucesso que o pensamento de Jung conheceu também nos movimentos *New Age* e, mais em geral, em contextos que utilizam certos subprodutos do irracional. Mas este não é o local nem o momento adequado para o fazer. Pelo contrário, é mais importante sublinhar que os estudos e as pesquisas junguianas sobre a psique e sobre a psicoterapia ainda representam um verdadeiro labirinto cujo mapa está por completar. Contudo, é possível registar o aparecimento de uma interessante série de questões fundamentalmente epistemológicas, com posturas respectivas diferenciadas ou opostas. Tais posturas, produzem, sobretudo, sectarismos cada vez mais isolados e isoladores e não debates profícuos que, ao esclarecerem as diferenças que cada uma delas veicula, permitiriam o aprofundamento do discurso sobre a psique e, portanto, do discurso da psicologia.

---

(20) L. Aversa, *Il problema della antinomia*, in Id. (direcção), *Fondamenti di psicologia analitica*, cit., pp. 55-76.

(21) M.I. Marozza, *Il concetto di psiche,* in Aversa, *Fondamenti di psicologia analitica*, cit., pp. 27-54; Id., *La clinica come problema epistemológico*, in Aversa (direcção), *Psicologia analitica. La teoria della clinica* cit., pp. 17-33.

(22) A. Iapoce, *Il sogno*, in Aversa (direcção), *Fondamenti di psicologia analitica* cit., pp. 193-224.

(23) E.V. Trapanese, *Il problema dei tipi*, pp. 107-132.

(24) M. La Forgia, *L'epistemologia junguiana*, pp. 3-24; Id., *Rifugi intenzionali. La ricerca dell'altro*, in La Forgia, Marozza, *L'altro e la sua mente* cit., pp. 1-40.

(25) U. Galimberti, *Psichiatria e fenomenologia,* Feltrinelli, Milano 1979; Id., *La terra senza il male*, Feltrinelli, Milão 1984.

(26) P.F. Pieri, *Dizionario junguiano*, Bollati Boringhieri, Turim 1998.

Enquanto tudo isto durar, mesmo na forma de clivagens institucionais e profissionais, que mais não são do que expressão da «doença» típica – nunca suficientemente estudada – deste tipo de pesquisas, é oportuno inventariar as questões e assinalar os respectivos sectarismos que, das mais variadas maneiras, são transversais às orientações já indicadas. Porventura, explicitando, mesmo ao nível da terminologia, a filosofia da mente subjacente, embora também aqui (e não é uma consolação) se levantem questões e haja posturas sectárias no momento em que se estuda a problemática noção de consciência.

As questões e os alinhamentos, fundamentalmente, dizem respeito ao estatuto científico da psicologia como disciplina. Assim, de um lado estão os adeptos da abolição da psicologia como ciência e, do outro, os representantes de uma cientificidade naturalístico-objectivista e os de uma cientificidade histórico-hermenêutica.

Mas também dizem respeito ao nexo existente entre o psíquico e o neurofisiológico e também o neurobiológico (e, portanto, entre a consciência e o psíquico e entre o psíquico e o cérebro). Por isso, há reducionistas e anti-reducionistas, existindo entre eles uma vasta gama de posições intermédias e também algumas, raras, posições radicais como, por exemplo, as dos abolicionistas.

Também há alinhamentos que dizem respeito:

- à possibilidade, ou não, de traduzir os fenómenos psíquicos em construções mensuráveis;
- à possibilidade, ou não, de utilizar teorias e modelos que alcancem níveis de elevada generalização e grande formalização: temos, por isso, os teóricos e os antiteóricos (os «clínicos»);
- à relação entre indivíduo e ambiente e também entre natureza e cultura: temos, assim, os inatistas e os ambientalistas e respectivas posições intermédias;
- à existência, ou não, de doença mental – no duplo sentido de *doença* mental e de doença *mental* – por isso, no que respeita à psicose (e respectivas e múltiplas perturbações), há quem a entenda como verdadeira doença e quem, fundamentalmente, a negue como tal concebendo-a como reacção desesperada a determinada condição social (os «antipsiquiatria»); por outro lado, há quem a insira no contexto das actividades cerebrais e, portanto, postule que deve ser curada com psicofármacos; e,

por fim, há quem a insira no contexto do psíquico e prefira curá-la recorrendo aos colóquios psicoterapêuticos;

- à questão da existência, ou não, de um determinismo psíquico em sentido forte, dando origem aos deterministas e aos antideterministas e às respectivas posições intermédias;
- às questões inerentes à natureza da linguagem, da consciência e do inconsciente, que juntamente às questões do determinismo psíquico estimulam, por vezes, um debate entre quem considera que a certos níveis a psicologia deve confrontar-se com determinada filosofia e aqueles que consideram que aquela deve simplesmente ignorar esta última.

Bibliografia

I. EDIÇÕES SISTEMÁTICAS

Foram publicadas e estão disponíveis três edições das obras de Carl Gustav Jung, ordenadas segundo um critério temático e não cronológico, segundo o projecto editorial imposto por Jung.

Die Gesammelten Werke von C.G. Jung, 20 vols., Rascher, Zurique 1958-1970, Walter, Olten 1971. A edição foi dirigida por Marianne Niehus-Jung, Lena Hurwitz-Eisner, Franz Riklin, a quem se juntaram, progressivamente, Lilly Jung-Merker, Elisabeth Rüf e Leonie Zander segundo o plano e os critérios da edição anglo-americana de *Collected Works of C.G. Jung* (ver mais adiante). O último volume (o vigésimo) contém o índice geral (*Gesamregister*) que permite identificar, e percorrer, itinerários temáticos na obra junguiana. Dos suplementos previstos saiu *Die Zofingia-Vorträge* (primeiro), em 1997. O livro, coordenado por Helga Egner – com base nos manuscritos originais conservados na biblioteca da Heidgenössische Technische Hochschule de Zurique –, reúne a série de cinco conferências em alemão, entre 1986 e 1989, na secção de Basileia do Zofingiaverein.

The Collected Works of C.G. Jung, 20 vols. A obra foi publicada simultaneamente nos Estados Unidos e em Inglaterra. A edição americana foi publicada pela Pantheon Books por encomenda da Bollingen Foundation, Nova Iorque 1953-1960; depois, pela Bollingen Foundation (com a distribuição a cargo da Pantheon Books, subsidiária da Random House), 1961-1967; depois, pela Princeton University Press, Princeton (NJ) 1967 (Bollingen Series XX). A edição inglesa foi publicada pela Routledge & Kegan Paul (a partir de 1989, Routledge), Londres 1953. Iniciada em 1953 pela Bollingen Foundation de Nova Iorque, a edição americana, tal como a inglesa, segue um plano aprovado por Jung e é realizada sob o seu controlo até 1961, ano da sua morte. A comissão editorial é composta por Herbert Read, Michael Fordham e Gerhard Adler; a partir de 1967, a direcção e organização editoriais ficam a cargo de William McGuire. As traduções ou as revisões das traduções são de Richard F.C. Hull, excepto quando indicado em contrário. Da *General Bibliography of C.G. Jung Writings* (vol.19) existe uma segunda edição revista. Dos suplementos previstos saíram: *The Zofingia Lectures* (suplemento A), em 1983; *Psychology of the Unconscious. A Study of the Transformation and Symbolisms of the Libido: A Contribution to the History of the Evolution of Thought* (suplemento B). Este último, recolhendo a primeira redacção de 1911-12 de *Símbolos da Transformação*, permite estabelecer as variantes, as correcções e as integrações que se seguiram e, por isso, aprofundar a evolução do pensamento do autor.

Opere di C.G. Jung, 19 vols., Boringhieri (a partir de 1987, Bollati Boringhieri), Turim 1965. A edição italiana, dirigida por Luigi Aurigemma, segue o plano e os critérios da edição inglesa de *Collected Works* e da edição alemã de *Gesammelte Werke*. Na organização editorial sucederam-se Lisa Baruffi (1980-82) e Maria Anna Massimello (1985-93); em certos períodos e em determinados volumes, a edição serviu-se do contributo de consultores específicos: Mario Moreno (1970-71), Eleonora D'Agostino Trevi (1973), Mario Trevi (1976), Francesco Caracciolo (1979); infelizmente, este método não foi constantemente seguido, aliás, chegou mesmo a ser interrompido de todo. A *Bibliografia generale de C.G. Jung* (vol. 19, t.1), organizada por Giovanni Niccoli, contém uma bibliografia actualizada e preciosa para uma primeira reconstrução da vida de cada um dos textos – tantos das várias versões como das várias traduções – com a indicação do tipo de alterações introduzidas entre uma edição e a outra (revisão de estilo, acrescento de um prefácio, ampliações, correcções, etc.). O mesmo volume dispõe de tabelas de concordância entre as diferentes paginações das edições italiana, alemã e anglo-americana, úteis para quem precisar de citar um trecho dos escritos e permitindo-lhe assim encontrar com facilidade o que procura no texto original (alemão ou inglês).

Cada volume das três edições traz um Prefácio à respectiva direcção e tem bibliografia, índice dos nomes, índice analítico e plano da edição. Os volumes da edição italiana também possuem uma lista dos textos organizada segundo o ano de redacção.

Seria desejável uma edição que recolhesse o *corpus* junguiano por ordem cronológica, de maneira completa (que inclua importantes ensaios que não estão publicados, assim como a primeira redacção da obra fundamental *Transformações e Símbolos da Libido*), de modo fidedigno para além de crítico (por exemplo, que verifique adequadamente as fontes das citações; que indique a obscuridade não intencional de algumas palavras e de noções fundamentais ou revele o seu uso declaradamente metafórico ou analógico; que anote com clareza as oscilações semânticas conscientemente introduzidas e evidencie as questões problemáticas que, por vezes involuntariamente, são deixadas ao nível da simples intuição; que apresente os momentos evolutivos de determinado conceito; que exponha a dificuldade de leitura de determinados trechos em que ideias entre si incompatíveis são inesperadamente – mas não declaradamente – sobrepostas; que assinale as variações presentes nas diferentes redacções de muitos trabalhos, que – por fim – nos índices analíticos, não omita alguns termos e os nomes de determinados autores).

Para que se torne realmente possível o desenvolvimento do pensamento junguiano é necessário sair do âmbito da sua fruição exclusivamente irracional e, portanto, superar aquelas diferentes perspectivas que, ainda hoje, oscilam entre a adesão apegada e a rejeição igualmente visceral. Mas para chegar lá é necessário dispor de um plano de partilha estético-simbólica no contexto do qual se faça uma distinção saudável e se estabeleça uma verdadeira relação entre o autor e o leitor de modo que, a este último, seja permitido concordar ou criticar, de forma parcial ou radical que seja. É por esta dupla finalidade e não por razões exclusivamente intelectuais ou históricas que é desejável que os próprios junguianos façam um plano da edição crítica das obras completas.

II. PRINCIPAIS TEXTOS

Ricerche sperimentali sulle associazioni di individui normali (1904--1905), in *Opere*, vol. 1, t. 1.

Psicologia della dementia praecox (1907), in *Opere*, vol. 3.

Saggio di esposizione della teoria psicanalitica (1913 e 1917), in *Opere*, vol. 4.

Sulla questione dei tipi psicologici (1913), in *Opere*, vol. 6.

Trasformazioni e simboli della libido (1912). Edição definitiva, *Simboli della trasformazione*, in *Opere*, vol. 5.

La funzione trascendente (1957-1958), in *Opere*, vol. 8.

La psicologia dei processi inconsci (1917). Edição definitiva, *Psicologia dell'inconscio* (1943), in *Opere*, vol. 7.

Tipi psicologici (1921), in *Opere*, vol. 6.

L'Io e l'inconscio (1928), in *Opere*, vol. 7.

Energetica psichica (1928), in *Opere*, vol. 8.

Gli archetipi dell'inconscio collettivo (1935-1954), in *Opere*, vol. 9, t. 1.

Psicologia e religione (1938-1940), in *Opere*, vol. 11.

Aion: ricerche sul simbolismo del Sé (1951), in *Opere*, vol. 9, t. 2.

Risposte a Giobbe (1952), in *Opere*, vol. 11.

Mysterium coniunctionis (1955-1956), in *Opere*, vol. 14.

Principais textos sobre psicoterapia que estão disponíveis num único volume (o vol. 16 das *Opere*):

I problemi della psicoterapia moderna (1929)

Scopi della psicoterapia (1930)

Alcuni aspetti della psicoterapia moderna (1930)

Che cos'è la psicoterapia (1935)
Principì di psicoterapia pratica (1935)
La psicoterapia oggi (1942)
Psicoterapia e concezione del mondo (1943)
Medicina e psicoterapia (1945)
La psicologia della traslazione (1946)
Questioni fondamentali di psicoterapia (1951)

III. ESTUDOS BIOGRÁFICOS

1. Biografias gerais

Brome, V., *Jung: Man and Myth*, Macmillan London Limited, Londres 1978.
Hannah, B., *Jung: His Life and Work*, G.P. Putnam's Sons, Nova Iorque 1976.
Wehr, G., *C.G. Jung*, Kösel-Verlag. Munique 1985.
Ver também:
Jaffé, A. (coordenação), *Erinnerungen, Träume, Gedanken von C.G. Jung*, Rascher Verlag, Zurique 1961.

2. Relacionamento com Freud

Burnham, J.C., *Jelliffe: American Psychoanalyst and Physician and His Correspondence with Sigmund Freud and C.G. Jung*, The University of Chicago Press 1983.
Goodrich, C.S., *Transatlantic Dispatches from and about Zurich*, Spring, Dallas 1983, pp. 183-190.
Kerr, J., *A most Dangerous Method: The Story of Jung, Freud and Sabina Spielrein*, Alfred Knopf, Nova Iorque 1993.

3. Questões biográficas particulares

Bassan, F., "Sabina Spielrein e la pulsione di morte", in *Rivista di psicologia analitica*, 27, 1983, pp. 157-161.

Carotenuto, A., *Diario di una segreta simmetria. Sabina Spielrein tra Jung e Freud*, Astrolabio, Roma 1980.

–, "Ancora su Sabina Spielrein", in *Rivista di psicologia analitica* 28, 1983, pp. 118-127.

Guy-Gillet, G., "Sabina Spielrein entre Freud et Jung", in *Cahiers de psychologie jungienne*, 31, pp. 1981, pp. 56-59.

IV. ESTUDOS CRÍTICOS

1. Monografias gerais sobre o pensamento

a) Literatura de introdução

Ellenberger, H.F., *The Discovery of the Unconscious. The History and Evolution of Dynamics Psychiatry*, Allen Lane, The Pinguin Press, Londres 1970.

Fachinelli, E., *Introduzione* a E. Glover, *Freud o Jung?*, SugarCo, Milão 1978, pp. 1-6.

Jervis, G., *Prefazione* a C.G. Jung, *Il problema dell'inconscio nella psicologia moderna* (Recolha de ensaios junguianos entre 1921 e 1923), Einaudi, Turim 1967, pp. VII-XX.

Madera, R., *Carl Gustav Jung, Biografia e teoria*, Bruno Mondadori, Milão 1998.

Maffei, G., *Jung*, Borla, Roma 1989.

Noll, R., *The Jung Cult*, Princeton University Press, Princeton 1994.

Trevi, M., "Prefácio" a C.G. Jung, K. Kerényi, *Prolegomeni allo studio scientifico della mitologia* (1914), Boringhieri, Turim 1972, pp. 1-10.

"Prefácio" a C.G. Jung, *Psicologia dell'inconscio* (1917/1943), Boringhieri, Turim 1973, pp. 7-34.

"Prefácio" a C. G. Jung, *L'io e l'inconscio* (1928), Boringhieri, Turim 1973, pp. 7-25.

Wuehl, M.I., *Jung. Fogli di album*, La biblioteca di Vivarium, Milão 1998.

2) Tratados e dicionários

Carotenuto, A. (direcção de), *Trattato di psicologia analitica*, 2 vols., Utet, Turim 1992.
Humbert, E.G., "Le vocabulaire de C.G. Jung", in *Cahiers de psychologie jungienne* 14, 1977, pp. 3-57.
Pieri, P. F., *Dizionario junghiano*, Bollati Boringhieri, Turim 1998.
Samuels, A. *et al.*, *A Critical Dictionary of Jungian Analysis*, Routledge & Kegan Paul, Londres 1986.
Virel, A., *Vocabulaire des Psychothérapies*, Fayard, Paris 1977.

2. Estudos sobre aspectos e problemas específicos

a) Jung e Freud

Alexander, I., "The Freud-Jung Relationship: The Other Side of Oedipus and Countertransference", in *American Psychologist*, 37, 1982, pp. 1009-1018.
Altamura, R., "Freud e/o Jung e/o ...? Contributi alla critica dell'ingenuità", in *Giornale storico di psicologia dinamica*, 1, 1977, pp. 45-66.
Aurigemma, L., "La sublimation de Freud à Jung", in *Cahiers jungiens de psychanalyses*, 53, 1987, pp. 1-21.
Brivic, S., *Joyce between Freud and Jung*, Kennikat Press Corp., Port Washington, Nova Iorque, 1980.
Carotenuto, A., Ricciardi, C., "Psicologia analitica e psicoanalisi in rapporto alle dominanti psichiche", in *Rivista di psicologia analitica*, 7, 1976, pp. 301-336.
Eder, M.D., "Recensione a «Two Essays on Analytical Psychology» di C.G. Jung", in *The International Journal of Psychoanalysis*, 10, 1929, pp. 468-470.
Eissler, K. R., "Psychologische Aspekte des Briefwechsel zwischen Freud und Jung", in *Jahrbuch der Psychoanalyse*, 7, 1982, s.pp.
Fodor, N., "Jung, Freud, and a newly Discovered Letter of 1909 on the Poltergeist Theme", in *The Psychoanalytical Review*, 50, 1963, pp. 119-128.
Freud, S., "Zur Geschichte der psychonalytischen Bewegung", in *Jahrbuch für psychoanalytischen und psychopathologische Forschungen*, 6, 1914, pp. 207-260.

–, "Zur Einführung des Narzisissmus", in *Jahrbuch für psychoanalytischen und psychopathologische Forschungen*, 6, 1914, pp. 1-24.

Frey-Rhon, L., *Von Freud zu Jung: Eine vergleichende Studie zur Psychologie des Unbewussten*, Walter Verlag AG, Olten 1969.

Galimberti, U., "La questione dell'etica in Freud e Jung", in *Rivista di psicologia analitica*, 12, 1995, pp. 7-18.

Glover, E., *Freud or Jung?*, World Publishing Company, Cleveland 1956.

Hillman, J., *Dionysos in Jung's Writtings*, Spring, Zurique 1972.

Jones, E., *The Life and Work of Sigmund Freud*, Basic Books, Nova Iorque 1953.

Marozza, M.I., "Note di psicopatologia junghiana. Un confronto tra alcuni fondamenti psicodinamici del pensiero freudiano e junghiano", in *La pratica analitica*, 16, 1997, pp. 125-152.

Musatti, C.L., "I rapporti personali Freud-Jung attraverso il carteggio", in *Belfagor*, 1975, pp. 201-215.

Selesnick, S.T., "C.G. Jung's Contribution to Psychoanalysis," in *American Journal of Psychiatry*, 120, 1963, pp. 350-356.

Spengler, E., *Das Gewissen bei Freud und Jung, mit einer philosophisch-anthropologischen Grundlegung*, Juris, Zurique 1964.

Steele, R.S., *Freud und Jung. Conflicts of Interpretation*, Routledge anda Kegan Paul, Londres 1982.

Stepansky, P.E., "The Empiricist as Rebel: Jung, Freud and the Burdens of Discipleship", in *Journal of the History of Behavioral Sciences*, 12, 1976.

Tedeschi, G., *Jung Freud. Un dilemma inattuale*, Astrolabio, Roma 1979.

b) Outros estudos

Bash, K.W., "Einstellungstypus and Erlebnistypus. C.G. Jung and Hermann Rorschach", in *Journal of Projective Techniques*, 19, 1955, pp. 234-242.

Brann, H.W., "C.G. Jung und Schopenhauer", in *Schopenhauer Jahrbuch*, 46, 1965, pp. 76-87.

Carp, E., *Teilhard, Jung en Sartre over evolutie*, Het Spectrum, Utrecht 1969.

Coleman, E., "A Note on Joyce and Jung", in *James Joyce Quarterly*, 1, 1963, pp. 11-16.

Cooley, R., "Jung, Lévy-Strauss and the Interpretation on Myth", in *Critic*, 8, 1968-69, pp. 12-16.

D'Aquili, E., "The influence of Jung on the Work of Claude Lévy-Strauss", in *Journal of the History of the Behavioral Sciences*, 11, 1975, pp. 41-48.

Hinkelman, E. A., Aldermann, M., "Apparent Theoretical Parallels between G. Stanley Hall and C.G. Jung", in *Journal of the History of the Behavioral Sciences*, 4, 1968, pp. 254-257.

Hinkle, B.M., "Jung's Libido Theory and the Bergsonian Philosophy", in *New York Medical Journal*, 22, 1919, pp. 99 segs.

Houdebine, J.-L., "Joyce et Jung", in *Tel Quel*, 81, 1979, s. pp.

–, "Picasso et Jung", in *Tel Quel*, 90, 1981, s. pp.

Jarret, J.L., "Schopenhauer and Jung", in *Spring*, 1981, pp. 193--205.

Kerényi, M., "Psychologie, mythologie. Les Rapports entre C.G. Jung et Karl Kerényi", in *Cahiers de l'Herne*, 1984, pp. 218-27.

La Forgia, M., "Immagini dell'inconscio e fisica quantistica. L'incontro tra Jung e Pauli", in *Metaxú*, 5, 1988, 67-80.

Martin, W., *Experiment in Depth: A Study on the Work of Jung, Eliot and Toynbee*, Routledge and Kegan Paul, Londres, 1955.

Müller, F.L., *L'irrationalisme contemporain. Schopenhauer, Nietzsche, Freud, Adler, Jung, Sartre*, Payot, Paris 1970.

Nelson, B., "Hesse and Jung: Two newly Recovered Letters", in *Psychoanalytic Review*, 50, 1963, pp. 361-366.

Pieri, P.F., "Itinerario simbolico. Note su C.G. Jung e F. Mathner", in *Metaxú*, 9, 1990, pp. 51-67.

Pontius, A.A., "Die Subject-Object-Beziehung in Begriffen von Kant und Jung", in *Kant-Studien*, 62, 1971, pp. 121-125.

Rovatti, P.A., "Da Jung a Freud. A proposito del «pensiero» del sogno", in *Metaxú*, 9, 1990, pp. 68-76.

Rougeulle, J., "Jung et Hermann Hesse. Convergence et divergence", in *Cahiers jungiens de psychanalyse*, 53, 1987, pp. 62-79.

Rudolph, A., "Jung and Zarathustra; An Analytical Interpretation", in *Philosophy Today*, 18, 1974, pp. 312-318.

Scott, T.A., "Jung and Piaget: A Study in Relationships", in J.L. Philbrick (coordenação), *Contemporary Studies in Social Psychology and Behavioral Change*, Selected Academic Readings, Nova Iorque 1966.

Serrano, M., *Jung and Hermann Hesse, A Record of Two Friendships*, Routledge and Kegan Paul, Londres 1968.

Taylor, E., *William James and C.G. Jung*, Spring, Dallas 1980, pp. 157-170.

Witzig, J.S., "Theodore Flournay. A Friend Indeed", in *Journal of Analytical Psychology*, 27, 1982, pp. 131-148.

Wolff-Windegg, Ph., "C.G. Jung – Bachofen, Burchhardt, and Basel", in *Spring*, 1975, pp. 137-147.

Wollman, N., "Jung and Freud Compared on Two Types of Reductionism", in *Journal of Analytical Psychology*, 27, 1982, pp. 149-161.

Zoja, L., "Analytical Psychology and the Metapsychology of Feelings: Possibile Connections between Jung and Melanie Klein", in *Journal of Analytical Psychology*, 32, 1987, pp. 47-55.

3. Estudos clínicos

Aversa, L., "La schizofrenia: una patologia della funzione simbolica. Anomia percettiva e devianza del conoscere", in *Atque*, 4, 1991, pp. 183-190.

–, "Jung e la psicoterapia," in A. Carotenuto (coordenação), *Trattato di psicologia analitica*, 2 vols., Utet, Turim 1992, vol. 2 pp. 407-427.

–, (coordenação), *Psicologia analitica, La teoria della clinica*, Bollati Boringhieri, Turim 1999.

Aversa, "La teoria generale dei complessi e il problema della malattia", in –, (coordenação), *Psicologia analitica, La teoria della clinica*, cit., pp. 86-100.

Bär, E., *Semiotic Approaches to Psychotherapy*, Indiana University, Bloomington 1975.

Barone, P., "Il presente come tempo discontinuo dell'analisi", in Aversa (coordenação), *Psicologia analitica. La teoria della clinica* cit., pp. 116-128.

Barone, P., Gaston, A., "Psicopatologia tra simbolismo e allegoresi", in *Metaxú*, 3, 1987, pp. 20-37.

Benedetti, G., "Jung e la schizofrenia", in *Rivista di psicologia analitica*, 4, 1973, pp. 399-413.

Cahen, R., "La psychothérapie de C.G. Jung", in *Encyclopédie Médico-chirurgicale, Psychiatrie*, Éditions techniques, Paris 1955.

Callieri, B., "Il rischio psicotico del simbolo", in *Metaxú*, 14, 1992, pp. 35-56.

Caretti, V., "Il simbolo nella formazione e nella clinica junghiana", in Aversa (coordenação), *Psicologia analitica. La teoria della clinica* cit., pp. 101-115.

Guggenbuhl-Craig, A., "Psicologia junghiana e psicopatologia sessuale", in *Rivista di psicologia analitica*, 4, 1973, pp. 538-555.

Gullotta, C., "Jung e la psichiatria", in *aut-aut*, 229-230, 1989, pp. 47-64.

Hocheimer, W., *Die Psychotherapie von C.G. Jung*, Verlag Hans Uber, Berna e Estugarda 1960.

Iapoce, A., "Momenti terapeutici della relazione", in Aversa (coordenação), *Psicologia analitica. La teoria della clinica, op. cit.*, pp. 140-153.

La Forgia, M., "La controtraslazione nell'epistemologia junghiana", in *Gruppodistudio*, 1, 1987, pp. 31-38.

–, "Al di là della teoria. Per una terapia ai limiti dell'esistenza psichica", in Aversa (coordenação), *Psicologia analitica. La teoria della clinica, op. cit.*, pp. 34-48.

Lo Cascio, A., "Jung e la psichiatria. Un possibile aggiornamento dell'approccio terapeutico", in *Rivista di psicologia analitica*, 27, 1983, pp. 22-35.

Maffei, G., "La psicoterapia e il mondo indicativo", in *Atque*, 8, 1993, pp. 105-120.

Marozza, M.I., "Alcune considerazioni sui livelli dell'attività immaginativa nel processo analitico", in *Giornale storico di psicologia dinamica*, 22, 1987, pp. 114-124.

–, "La clinica come problema epistemologico", in Aversa (coordenação), *Psicologia analitica. La teoria della clinica, op. cit.*, pp. 15-33.

Meier, C.A., "Psychosomatic Medicine from the Jungian Point of View", in *Journal of Analytical psychology*", 8, 1963, pp. 103-122.

Pieri, P.F., "Attraverso il dire", in *Atque*, 8, 1993, pp. 43-66.

–, "Spazio analitico e coscienza di sé", in Aversa (coordenação), *Psicologia analitica. La teoria della clinica, op. cit.*, pp. 129-139.

Romano, P., "Alcuni appunti su Jung e la nuova psichiatria italiana: una lettura in chiave anti-istituzionale della psicologia analitica", in *Giornale storico di psicologia dinamica*, 6, 1979, pp. 90-117.

Rossini, R., "Jung e la psichiatria moderna", in *Rivista di psicologia analitica*, 4, 1973, pp. 305-321.

Ruberto, A., "Teoria generale dei complessi: il complesso come la più piccola unità bio-psico-sociale", in Aversa (coordenação), *Psicologia analitica. La teoria della clinica, op.* cit., pp. 67-85.

Trapanese, E.V., "Il problema dell'adattamento", in Aversa (coordenação), *Psicologia analitica. La teoria della clinica, op.* cit., pp. 49-66.

Trevi, M., "Configurazioni e metafore della psicoterapia e dell'analisi", in *Atque*, 1, 1990, pp. 29-48.

–, *Il lavoro psicoterapeutico. Limiti e controversie*, Theoria, Roma-Napoli 1993.

–, "Psicoterapia: interpretazione e confronto", in Aversa (coordenação), *Psicologia analitica. La teoria della clinica, op. cit.*, pp. 154-170.

Tullio-Altan, C., "Delirio e esperienza simbolica", in *Atque*, 3, 1991, pp. 23-32.

4. Estudos teóricos e históricos

Abraham, K., "Kritik zu C.G. Jung, «Versuch einer Darstellung der psychoanalytischen Theorie»", in *International Zeitschrift für (ärtzliche) Psychonalyse*, 2, 1914, pp. 72-82.

Adler, G., "The Memoirs of. C.G. Jung", in *Spring*, 1964, pp. 139-146.

–, "Jung dieci anni dopo", in *Rivista di psicologia analitica*, 3, 1972, pp. 441-448.

–, "Aspetti della personalità e dell'opera di Jung", in *Rivista di psicologia analitica*, 4, 1973, pp. 291-304.

Aversa, L., *Interpretazione e individuazione. Progetto ermeneutico per la psicologia analitica*, Borla, Roma 1987.

–, (coordenação), *Fondamenti di psicologia analitica*, Laterza, Roma--Bari 1996.

Baudouin, C., *L'Oeuvre de Jung et la psychologie complexe*, Payot, Paris 1963.

Bion, W.R., *Transformations: Change from Learning to Growth*, Heinemann, Londres 1965.

Bitter, W., *Die Angstneurose Entstehung und Heilung. Mit 2 Analysen nach Freud und Jung*, Huber, Bern, 1948.

Boncinelli, E., "Posizioni della psicologia del profondo rispetto alle scienze fisiche: problemi metodologici", in *Giornale storico di psicologia dinamica*, 1, 1977, pp. 24-32.

Brown, C.A., *Jung's Hermeneutic of Doctrine*, Scholars Press, Chico (Cal.) 1981.

Cappelletti, V., "Jung e la psicologia del XX secolo", in *Rivista di psicologia analitica*, 4, 1973, pp. 613-625.

Carotenuto, A., *Senso e contenuto della psicologia analitica*, Boringhieri, Turim 1977.

Carp, E., *De analytische behandelingsmethode volgens Jung*, Meulenhoff, Amsterdão, s.d.

Cohen, E.D., *C.G. Jung and the Scientific Attitude*, Philosophical Library, Nova Iorque 1975.

Corrie, J., C.G. *Jungs Psychologie im Abriss*, Raschet, Zürich 1929.

D'Agostino, E., Trevi, M., "Struttura e tensione dialettica: note sulla concezione del Selbst nella psicologia dell'individuazione", in *Clinica psichiatrica*, 4, 1968, pp. 21-47.

D'Alfonso, E., "Malattia e cura dell'anima secondo C.G. Jung", in *Rivista di psicologia analitica*, 3, 1972, pp. 257-281.

–, "Lo sviluppo dell'idea di proiezione nella psicologia di C.G. Jung", in *Giornale storico di psicologia dinamica*, 1, 1977, pp. 239-267.

Ferenczi, S., *Bausteine zur Psychoanalyse*, Band I, Internationaler Psychoanalytischer Verlag, Viena 1927. [Contém a recensão de 1913 de *Wandlungen und Symbole der Libido*].

Fissi, S., "Dalla psicologia dei complessi a una teoria sistemica della molteplicità psichica", in *Metaxù*, 8, 1989, pp. 28-42.

–, "Orientamento prospettico narrativo nella psicologia del profondo", in *Atque*, 5, 1992, pp. 131-154.

Fordham, M., "Jung's Contribution to Social Psychiatry", in *International Journal of Social Psychiatry*, 1, 1955, pp. 14-21.

–, "The Evolution of Jung's Researches", in *The British Journal of Medical Psychology*, 29, 1956, s. pp.

–, "The Development and Status of Jung's Researches", in id., *The Objective Psyche*, Routledge and Kegan Paul, Londres 1958.

–, (coordenação), *Contact with Jung: Essays on the Influence of His Works and Personality*, Tavistock Publications, Londres 1963.

Fordham *et al.* (coordenação), *Analytical Psychology a Modern Science*, Heinemann, Londres 1973.

Fordham, M., "Memories and Thoughts about C.G. Jung", in *Journal of Analytical Psychology*, 20, 1974, pp. 102-113.

–, "The Self as an Imaginative Construct", in *Journal of Analytical Psychology*, 19, 1979, pp. 18-30.

Franz, M.L., von, *An Introduction to the Psychology of Fairy Tales*, s.e. 1969.

–, *La femme dans les contes de fées*, Fontaine de Pierre, Paris 1979.

–, *Die Erlösung des Weiblichen im Manne: Der goldene Esel von Apuleius in tiefenpsychologischer Sicht*, Insel Verlag, Frankfurt 1980.

Galimberti, U., *La terra senza il male*, Feltrinelli, Milão 1984.

–, "Ermeneutica, eidetica e genealogia", in *L'immaginale*, 4, 1986, pp. 187-195.

–, "Jung e i problemi di metodo nel sapere psicologico", in *aut-aut*, 229-230, 1989, pp. 31-45.

–, "Jung e la filosofia dell'ocidente", in A. Carotenuto (direcção de), *Trattato di psicologia analitica*, 2. vols., Utet, Turim 1992, vol. 1, pp. 3-24.

Hall, C.S., Nordby, V.J., *A Primer of Jungian Psychology*, Croom Helm, Londres 1973.

Hillman, J., *Emotion*, Routledge and Kegan Paul, Londres 1960.

–, *Suicide and the Soul*, Harper and Row, Nova Iorque 1964.

–, *Senex and Puer: An Aspect of the Historical and Psychological Present*, Eranos-Jahrbücher, 1967.

–, "An Essay on Pan", in Hillman e W.H. Roscher, *Pan and the Nigtmare*, Spring Publications, Dallas 1972.

–, *The Myth of Analysis. Three Essays in the Archetypal Psychology*, Northwestern University Press, 1972.

–, *The Dream and the Underworld*, Harper and Row, Nova Iorque 1979.

–, *Intervista su amore, anima e psiche*, Laterza, Roma-Bari 1983.

–, (em colaboração com D.L. Miller), *Re-Visioning Psychology*, Harper and Row, Nova Iorque 1975).

Kantor, J.B., "Jung's Psychological Types and Levine's The Unconscious", in *Journal of Philosophy*, 20, 1923, pp. 636-640.

Kellner, K., *C.G. Jung Philosophie auf der Grundlage seiner Tiefenpsychologie*, Erlangen, Diss. 1937.

Keniston, K., *Youth and Dissent*, Harcourt Brace Jovanovich, Nova Iorque 1971.

Lacan, J., *Les Psychoses, Le Séminaire III*, Seuil, Paris 1981.

La Forgia, M., "Energia fisica ed energia psichica: lo Jung epistemologo di «Energetica psichica»", in *Giornale storico di psicologia dinamica*, 10, 1986, pp. 17-60.

–, "Le Conferenze di C.G. Jung alla Zofingia (1897-1899). I tratti iniziali di un programma", in *Giornale storico di psicologia dinamica*, vol. 13, 1989, n. 26, pp. 83-104.

–, "Fondamenti e «sfondamenti» culturali alle origini della psicologia junghiana", in *Psichiatria e psicoterapia analitica*, vol. 9, 1990, n. 1, pp. 45-55.

–, *Sogni di uno spiritista. Empirismo psicologico e parapsicologico in C.G. Jung*, Melusiana, Roma 1991.

–, "La sincronicità", in Carotenuto (direcção de), *Trattato di psicologia analitica,* cit., vol. 2, pp. 31-59.

La Forgia, M., Marozza, M.I., *L'altro e la sua mente*, Giovanni Fioriti Editore, Roma 2000.

Layard, J., "Primitive Kinship as Mirrored in the Psychological Structure of Modern Man", in *The British Journal of Medical Psychology*, 20, 1944, pp. 118-134.

Maffei, G., "Brevi riflessioni su alcuni commenti di Jung relativi alla sofferenza" in *Rivista di psicologia analitica*, 36, 1987, pp. 44-54.

–, "Fondamenti dell'apparato per pensare i pensieri", in *Atque*, n. 3, 1991, pp. 105-124.

Marozza, M.I., "Considerazioni sull'efficacia della funzione narrativa, in Metaxú", 7, 1989, pp. 38-52.

–, "Le convinzioni del sentimento. Note su ragione e realtà nella psicologia del profondo", in *Atque*, 2, 1990, pp. 41-60.

–, "Efficacia simbolica, efficacia terapeutica", in *Metaxù*, 12, 1991, pp. 58-69.

–, “Il senso dell’alterità onirica”, in *Atque*, 7, 1993, pp. 107-121.
–, “L’immaginazione: all’origine della realtà psichica”, in *Atque*, 12, 1995, pp. 63-78.
Meier, C.A., “Modern Physic-Moderne Psychologie”, in T. Wolff (coordenação), *Die Kulturelle Bedeutung der Komplexen Psychologie*, Springer, Berlin 1935, 349-364.
–, “Projection, Transference, and the Subject Object Relation”, in *Journal of Analytical Psychology*, 4, 1959, pp. 21-34.
–, *Jung and Analytical Psychology*, Newton Center, Massachussets 1959.
–, *Die Empirie des Unbewussten*, Rascher Verlag, Zurique e Estugarda 1968.
Montefoschi, S., *L’uno e l’altro*, Feltrinelli, Milano 1977.
–, *Oltre il confine della persona*, Feltrinelli, Milano 1979.
–, *Dialettica dell’inconscio*, Feltrinelli, Milano 1980.
–, *Al di là dell’incesto*, Feltrinelli, Milano 1982.
–, *C.G. Jung: un pensiero in divenire*, Garzanti, Milano 1985.
Moreno, M., *Introduzione alla prassi della psicologica analitica*, Il Pensiero Scientifico, Roma 1978.
Neumann, E., *Zur Psychologie des Weiblichen*, Rascher und Cie, Zurique 1953.
–, *Der schöpferische Mensch und die Wandlung*, Rhein-Verlag, Zurique 1955.
–, *Ursprungsgeschichte des Bewusstseins*, Rascher-Verlag, Zurique 1949.
–, *Die Psyche und die Wandlung der Wirklichkeitsebenem*, Rhein--Verlag, Zurique 1953; *Die Sinnfrage und das Individuum*, Rhein--Verlag, Zurique 1957.
–, *Die Grosse Mutter*, Rhein-Verlag, Zurique 1956.
Olney, J., *The Rhizome and the Flower. The Perennial Philosophy-Yeats and Jung*, University of California Press, Berkeley 1980.
Parise, S., “Il tragico in Jung”, in *Rivista di psicologia analitica*, 36, 1987, pp. 152-162.
Petro, C., *Le psicologie del profondo ed in particolare la psicologia analitica di C.G. Jung e l’igiene mentale*, Mangiarotti, Cremona 1963.
Piaget, J., “Hommage à C.G. Jung”, in *Schweizerische Zeitschrift für Psychologie und ihre Anwendung*, 4, 1945, pp. 169-171.

Pieri, P.F., “Amor fati. Il problema della fondazione dei fondamenti”, in *Gruppodistudio*, 1, 1987, pp. 49-60.

–, “Ethos e Eros”, in *Rivista sperimentale di freniatria*, vol. 112, fasc. 2, 1988, pp. 219-230.

–, “Il soggetto in gioco”, in *Metaxù*, 5, 1988, pp. 36-48.

–, “La fondazione dialogica delle scuole di psicoterapi”, in *Rivista sperimentale di freniatria*, vol. 112, fasc. 6, 1988, pp. 1205-1213.

–, “Segno, simbolo e conoscenza. Per una epistemologia critica nel pensiero di Jung”, in *Atque*, 6, 1992, pp. 159-184.

–, “Una possibile sistematizzazione delle Opere di C.G. Jung”, in Carotenuto (direcção de), *Trattato di psicologia analitica*, vol. 2, cit., pp. 159-184.

–, “«Sono io questo?». Il Selbst nel pensiero di C.G. Jung”, in *Atque*, 11, 1995, pp. 73-92.

–, “Il concetto di inconscio”, in Aversa (coordenação), *Fondamenti di psicologia analitica, op. cit.*, pp. 77-106.

–, *A partire da Jung. I test e gli analisti*, La Biblioteca di Vivarium, Milão 1998.

Pontius, A.A., “Philosophischer Uberlick über die Entwicklung von Jungs Begriff des objectiven Psychischen”, in *Zeitschrift für Analytische Psychologi*, 2, 1971, pp. 68-78.

Progoff, I., *Jung's Psychology and Its Social Meaning*, Julian Press, Nova Iorque 1953.

Rauhala, L., “Jung e la fenomenologia”, in *Rivista di psicologia analitica*, 4, 1973, pp. 590-613.

Ricoeur, P., *La componente narrativa della psicoanalisi*, in «Metaxù», 5, 1988, pp. 7-19.

Rovatti, P.A., *Riflessioni sull«ombra*, in «aut-aut», 229-230, 1989, pp. 99-110.

–, *Da Jung a Freud. A proposito del «pensiero» del sogno*, in «Metaxù», 9, 1990, pp. 68-76.

Ruberto, A., *Considerazioni psicologiche su metafora e antinomia*, in «Metaxù», 5, 1988, pp. 58-66.

–, *Considerazioni sulla psicologia del sogno*, in «Gruppodistudio», 2, 1988, pp. 155-164.

–, *Note per la definizione del termine «proiezione» negli scritti di C.G. Jung*, in «Metaxù», 7, 1989, pp. 75-82.

–, *Note sulla paradossalità dello psichico negli scritti di C.G. Jung*, in «Atque», 2, 1990, pp. 125-134.

–, *Psiche, linguaggio e esperienza simbolica*, in «Metaxù», 12, 1991, pp. 10-20.

–, *Teoria generale dei complessi: fondamenti e sviluppi*, in Aversa (coordenação), *Fondamenti di psicologia analitica* cit., pp. 133-165.

Salza, F., *La tentazione estetica. Jung, l'arte, la letteratura*, Borla, Roma 1987.

Trapanese, E.V., *«Sociale» e «psichico» nell'opera do Jung*, in «Metaxù, 8, 1989, pp. 7-27.

–, *Profilo sintetico del simbolo «di» Jung*, in «Metaxù», 12, 1991, pp. 9-22.

–, *Il problema dei tipi*, in Aversa (coordenação), *Fondamenti di psicologia analitica* cit., pp. 107-132.

–, *Il processo di individuazione*, in Aversa (coordenação), *Fondamenti di psicologia analitica* cit., pp. 225-255.

Trevi, M., *L'edizione italiana di Jung*, in «Il Veltro», 2, 1965, pp. 201-210.

–, *Recensione a C.G. Jung. La dimensione psichica*, in «Rivista di psicologia analitica», 3, 1972, pp. 478-482.

–, *Struttura e processo nella concezione junghiana dell'inconscio*, in «Rivista di psicologia analitica», 4, 1973, pp. 520-537.

–, *Simbolo, progetto utopia*, in «Rivista di psicologia analitica», 5, 1974, pp. 68-82.

–, *Una polarità implicita nel pensiero di Jung*, in «Rivista di psicologia analitica», 6, 1975, pp. 281-303.

–, *Interpretatio duplex*, Borla, Roma 1986.

–, *Tra soggetto e oggetto. Riflessioni psicologiche sulla maschera*, in «Metaxù», 4, 1987, p. 90-94.

–, *L'altra lettura di Jung*, Cortina, Milão 1988.

–, *Evidenza e difficoltà di una improbabile attualità di Jung*, in «Rivista di freniatria», vol, 112, fasc. 4, 1988, pp. 727-743.

–, *Prospettivismo e psychologia perennis in Jung*, in «Rivista di psicologia analitica», 38, 1988, pp. 53-68.

–, *Metafora e simbolo nella lettura junghiana del texto onirico*, in «aut-aut», 229-230, 1989, pp. 65-84.

–, *Per una valutazione critica dell'opera di C.G. Jung*, in «aut-aut», 229-230, 1989, pp. 3-30.

–, *Contradditorietà della didattica junghiana*, in AAVV, *La bottega dell'anima*, Angeli, Milão 1990, pp. 287 segs.

–, *Adesione e distanza. Una lettura critica di «L'Io e l'inconscio» di Jung*, Melusina, Roma 1991.

–, *Il concetto di «ponte simbolico» nel primo Jung*, in «Metaxù», 12, 1991, pp. 23-26.

–, *Indagine ingenua sulla natura della psicoterapia*, in «Atque», 6, 1992, pp. 15-30.

–, *Adesione e critica. Una lettura critica dei «Tipi psicologici» di Jung*, Feltrinelli, Milão 1993.

–, "Il problema del simbolo", in Aversa (coordenação), *Fondamenti di psicologia analitica, op. cit.*, pp. 165-193.

Trevi, M., Gaston, A., "Empatia: note lessicali, semantiche, storiche", in *Rivista sperimentale di freniatria*, vol. 116, 3, 1992, pp. 582-598.

–, "Un episodio della storia della psicopatologia del principio del secolo, il decimo capitolo dei Typen di Jung", in *Psichiatria e psicoterapia analitica*, vol. 11, 4, 1992, pp. 349-262.

Trevi, M., Innamorati, M., *Riprendere Jung*, Bollati Boringhieri, Turim 2000.

Trevi, M., Romano, A., *Studi sull'ombra*, Marsilio, Venezia 1975.

Winnicott, W., "Review of Memories, Dreams, Reflections", in *International Journal of Psychoanalysis*, 45, 1964, pp. 450-455.

Wiss, D., *Psychoanalytic Schools from the Beginning to the Present*, Jason Aronson, Nova Iorque 1970.

Wolff, T. (coordenação), *Die Kulturelle Bedeutung der Komplexen Psychologie (Festschrift zum 60. Geburtstag von C.G. Jung)*, Springer, Berlim 1935.

–, *Studien zu C.G. Jung Psychologie*, Daimon Verlag, Zurique 1981.

Ziegler, A., "Der Beitrag der analytischen Psyhcologie C.G. Jungs zur Psychosomatikk", in *Therapeutische Umschau und medizinische Bibliographie*, 23, 1966, pp. 251-255.

V. EPISTOLÁRIOS

Existe um volume que contém a correspondência entre Freud e Jung (*S. Freud, C.G. Jung Briefwechsel*, S. Fischer Verlag, Frankfurt am Main 1974) e três volumes que contêm a correspondência entre Jung e vários destinatários (C.G. Jung, *Briefe*, vol. 1, *1906-1945*; vol. 2, *1946-1955*; vol. 3, *1955-1961*, Walter-Verlag, Olten und Freiburg im Breisgau 1972 e 1973). A maior parte das cartas foram escritas por Jung em inglês, por isso, remete-se para a edição inglesa em dois volumes, *Letters*, vol. 1, *1906-1950* e vol. 2, *1951-1961*, Routledge and Kegan Paul, Londres 1973 e 1976.

No volume 18 dos *Gesammelten Werke* são citadas outras cartas de Jung.

Outras cartas entre Jung e Freud e Sabina Spielrein podem ser encontradas na edição alemã, coordenada por A. Carotenuto, *Tagebuch einer heimlichen Symmetrie: Sabina Spielrein zwischen Jung u. Freud*, Kore, Freiburg i.B. 1986.

Índice